Människor och AI

FSC
www.fsc.org
MIX
Papper från
ansvarsfulla källor
Paper from
responsible sources
FSC® C105338

Daniel Akenine och Jonas Stier

Människor och AI

En bok om artificiell intelligens och oss själva

Boken är ett initiativ inom addAI.org med stöd av Automation Region och Fores.

Sättning och omslagsutformning: BoD – Books on Demand
Förlag: BoD – Books on Demand, Stockholm, Sverige
Tryck: BoD – Books on Demand, Norderstedt, Tyskland
ISBN: 978-91-7785-404-3

Förord

Artificiell intelligens (AI) är just nu föremål för mycket diskussion och debatt och väcker både tankar och känslor. Förhoppningar, utvecklingsmöjligheter och optimism ställs mot farhågor, osäkerhet och risker. Somliga menar att den snabba utvecklingen av och genomslaget av AI inom allt fler domäner i samhället är ett viktigt verktyg för att möta de stora utmaningarna som mänskligheterna står inför, medan andra menar att AI snarare är en del av utmaningarna, inte lösningarna. Och som någon sa: »när det gäller AI ställs utopister mot dystopister och idealister mot realister«.

Oavsett vilken ståndpunkt man har står det klart att AI kommer att förändra livet för oss människor och för samhället i stort. Klart är också att det finns en rad frågor som användningen av AI aktualiserar. Dessa frågor är exempelvis av demokratisk, ekonomisk, etisk, juridisk, social och säkerhetsmässig art och innebär en rad dilemman och överväganden för lagstiftare, innovatörer, forskare och inte minst för alla oss som medborgare. Hur dessa dilemmans ska hanteras och överväganden göras bör vi alla diskutera och debattera – för framtidens samhälle skapas idag.

Detta var med denna insikt som vi tillsammans med tre kollegor år 2017 grundade addAI (www.addAI.org) som är tänkt som en plattform för AI-relaterade dialoger och aktiviteter. I arbetet med addAI har vi deltagit i en rad konferenser, samtal, debatter och expertgrupper. I ljuset av dessa aktiviteter bestämde vi oss för att skriva en bok om AI. I denna ville vi att människor med skilda inställningar till AI, från olika verksamheter, med varierande professionella bakgrunder och perspektiv skulle bidra till diskussionen. Slutprodukten håller du i din hand. Den innehåller fjorton textbidrag där författarna har haft fria tyglar att belysa och problematisera någon eller några aspekter av AI.

Sammantaget ger boken en samlad bild av AI som företeelse och den kan därför vara till nytta för vem som helst med ett intresse för dessa frågor.

Med detta sagt hoppas vi att då en trevlig läsning!

Daniel Akenine och Jonas Stier

Innehåll

1. *Om det nya gränslandet*

Daniel Akenine
Daniel Akenine är fysiker, föreläsare, författare och har en bakgrund som hjärnforskare på Karolinska Institutet. Han arbetar som nationell teknikchef för Microsoft.

Jag vet inte varför, men en film som ibland dyker upp i mina tankar är *Rain Man*. I filmen gör Dustin Hoffman en av sina mest kända roller som den autistiska Raymond Babbitt. Raymond är inte bara autistisk utan dessutom savant vilket innebär att han besitter särskilda färdigheter. Dessa kommer till uttryck i unika färdigheter som att minnas mängder med detaljer och göra avancerade matematiska beräkningar medan han i flera andra situationer begränsas av stora kognitiva brister. Han saknar en förmåga att förstå världen på samma sätt som människor utan autism gör. I en minnesvärd scen i filmen stannar Raymond på en trafikerad gata när trafiksignalen signalerar »don't walk«. Både filmen och savanter fascinerar, de visar att det finns andra sätt att både tänka och uppleva världen, sätt som kan vara övermänskliga och undermänskliga samtidigt. Vi kommer om en stund återkomma till Raymond men låt oss först diskutera begreppet artificiell intelligens.

Begreppet artificiell intelligens har blivit ett modeord som symboliserar de allt smartare tekniska tjänster som vi använder dagligen. Samtidigt antyder ordet egentligen något mer än så. Det antyder en ny typ av intelligens som skulle kunna mäta sig med människor i förmåga och kanske i förlängningen även få en slags självinsikt. Men är det realistiskt? Vad är det egentligen vi talar om när vi talar om AI?

Vad vi talar om när vi talar om AI

Begreppet AI är inte nytt men i brist på tillgång till data samt processorkraft att bearbeta denna data med har tekniken bakom AI haft en del motgångar. De senaste åren har dock en kombination av ökad tillgång till data (ibland kallad »Big Data«), molntjänster (»Cloud Computing«) samt forskning inom ett område som heter maskininlärning gjort att många av de lösningar som tidigare inte varit så framgångsrika plötsligt har blivit mycket bättre. Ibland bättre än oss själva.

Ett exempel på sådan framgång handlar om hur väl algoritmer kan förstå text. Stanford University i USA har tagit fram ett test som går under namnet *The Stanford Question Answering Dataset*[1] (SQuAD). Testet innehåller frågor och svar baserade på den information som går att hitta på Wikipedia. Ett exempel på fråga vore: »När började Beyoncé bli populär?«. Algoritmer får sedan tävla mot människor för att hitta svaren bland den text som finns att tillgå. Den 3:e januari 2018 tog ett team på Microsoft Research i Asien fram en maskininlärningsmodell som för första gången var bättre än en människa på att hitta svaren.[2] Några månader senare uppnådde en annan maskininlärningsmodell samma nivå som människor i förmågan att översätta mellan kinesiska och engelska.[3] Några månader tidigare hade en forskargrupp på Microsoft använt sig av samtalsinspelningar från en databas kallad Switchboard och uppnått mänsklig förmåga i att uppfatta korrekta ord[4].

---

1 The Stanford Question Answering Dataset, https://rajpurkar.github.io/SQuAD-explorer/ (hämtad 2018-09-12)

2 Allison Linn, Microsoft AI blog, https://blogs.microsoft.com/ai/microsoft-creates-ai-can-read-document-answer-questions-well-person/ (hämtad 2018-09-12)

3 Achieving Human Parity on Automatic Chinese to English News Translation, https://www.microsoft.com/en-us/research/publication/achieving-human-parity-on-automatic-chinese-to-english-news-translation (hämtad 2018-09-12)

4 Historic Achievement: Microsoft researchers reach human parity in conversational speech recognition, https://blogs.microsoft.com/ai/historic-achievement-microsoft-researchers-reach-human-parity-conversational-speech-recognition/ (hämtad 2019-02-03)

På kort tid har vi alltså uppnått historiska mål för maskiners förmåga att kunna lyssna, se och att kunna tolka text. Detta är förmågor som människor typiskt varit de enda som kunnat utföra men som nu maskiner alltså kan utföra snabbare och med högre kvalitet än människor. För att inte nämna billigare!

Men hur ser framtiden ut? Man skulle kunna dela upp utvecklingen av AI i två olika faser: en mer kortsiktig fas under de närmaste åren och en mer spekulativ utveckling de närmaste decennierna. Båda har en potential att förändra vårt samhälle men det som är mest akut är att förstå hur vi hanterar fas 1.

Fas 1 – AI som ersätter, hjälper och förstärker människor.
De exempel jag beskrivit ovan där resultaten från maskininlärning börjat knappa in på de förmågor som människor har är exempel på den första fasen av AI-tjänster i vårt samhälle. AI som ersätter, hjälper och förstärker människor. Specialiserad AI som är expert på vissa avgränsade områden. Eftersom vi kommer behöva använda dessa förmågor i vårt eget liv för att vara produktiva så innebär det att vi är på väg in i ett nytt gränsland där vi är tvungna att lära oss hur vi arbetar i team med algoritmer. Människor och maskiner som kompletterar varandra för att tillsammans utföra allt mer komplexa uppgifter.

Som tidigare nämnts får AI i denna fas sina förmågor framför allt genom metoden maskininlärning. Datorerna får bearbeta stora datamängder för att försöka hitta samband, mönster och regler utan att vi människor har berättat hur dessa mönster och regler ser ut i förväg. Man kan till exempel lära en dator att känna igen bokstaven A eller K bland andra bokstäver utan att beskriva regelmässigt hur bokstaven ser ut i förväg. AI som använder sig av maskininlärning behöver tillgång till stora mängder data för att vara användbar men har väldigt lite förståelse av hur världen ser ut. Den kan skilja på bilder mellan en hund och en katt men den förstår inte vad en hund och katt faktiskt är. De avancerade algoritmer som lärde sig spela spelet GO bättre än människor vet inte att de spelar ett spel. De vet inte ens vad ett spel är för något!

Vi måste därför styra denna typ av AI, förstå dess begränsningar och hela tiden validera och hjälpa systemen att göra rätt. I vissa situationer kan ett AI- system göra misstag som inte ens små barn gör medan den i andra situationer är övermänsklig.

Jag vill återkomma till Raymond Babbitt, savanten i *Rain Man*. AI idag fungerar på många sätt som Raymond, den är i vissa fall överlägsen oss människor men förstår inte världen. Den kommer behöva kontrolleras och för vår egen säkerhet så måste vi förstå dess begränsningar. Tänk om Raymond Babbitt var ansvarig för att kontrollera våra kärnvapen?

I denna fas befinner vi oss just nu och vem vet, kanske kommer vi uppleva även nästa fas i vår livstid?

Fas 2 – En tänkande AI

I fas 2 har vi AI-system som lär sig världen ungefär på samma sätt som ett barn gör. Ett barn behöver inte tillgång till enorma datamängder med bilder på katter och hundar för att förstå skillnaden dem emellan. Ett barn lär sig inte via maskininlärning utan med mänsklig inlärning. På samma sätt skulle framtidens AI-system inte behöva lika mycket data, ha en större förståelse om sin egen omvärld och fungera och lära sig ungefär som en människa gör. Men med en viktig skillnad – utan våra begränsningar i hårdvara. Men det är långt kvar, vår hjärna är väldigt framgångsrik i sin design och överstiger det vi bygger idag i hårdvara. Superdatorn TaihuLight i Kina som närmar sig beräkningskapaciteten hos en hjärna förbrukar 15 miljoner watt medan vår hjärna lyckas nå samma beräkningskapacitet genom energin du får genom att äta några morötter.

En framtida AI som når och överstiger vår egen hjärnas förmåga och kapacitet och kan användas i generella lösningar brukar man kalla för en superintelligens, något som skulle skapa existentiella frågor för oss. Det blir viktigt att en sådan AI har samma målsättning som oss människor.

Människor är också målstyrda och vi har svårt att gå emot vår egen programmering, vi har mål att överleva, drivs av att föröka oss och lära oss nya saker. En generell AI skulle behöva en väldigt noga genomtänkt målstyrning. Många hävdar att en sådan AI aldrig kan skapas. Men då bör man ställa sig frågan: Varför skulle vi inte kunna skapa något sådant när vi själva bevisligen fungerar? I så fall måste det finnas något i universum som vi inte upptäckt som skulle kunna hindra oss. Vad skulle det vara?

Akuta utmaningar med AI

Låt oss gå tillbaka till det som händer nu. Vi befinner oss i en värld där allt fler beslut som påverkar oss görs av AI-system. Söker du ett lån på din bank är det en algoritm som analyserar dina uppgifter och fattar beslut, dolda algoritmer beslutar synligheten på dina inlägg i sociala media och algoritmer fattar beslut om hur vi ska fördela våra resurser i samhället. I många fall kommer dessa algoritmer ta över det som idag är mänskliga arbetsuppgifter. Inte nödvändigtvis hela yrken, men några av de arbetsuppgifter som ett yrke idag innehåller. Detta förändrar arbetsmarknaden och framtida yrkesroller.

Det finns ett antal olika framtidsscenarier som är möjliga inom olika delar av AI. Dessa kommer vi behöva påverka via kunskap och styrning via regleringar mot en önskvärd utveckling.

Kort kan man dela upp diskussionen om AI i samhället i ett antal olika områden.

Område	En positiv utveckling	En negativ utveckling
AI som är bra för människor	Vi använder AI för att maximera människors frihet och ge oss mer tid till saker vi vill göra men aldrig hinner.	Vi använder AI för att maximera vinster och produktivitet samtidigt som vi ignorerar de konsekvenser som kan skapas genom nya klyftor i samhället eller via negativa effekter på människors integritet.
Rättvis AI	Vi har AI som inte diskriminerar baserat på kön, sexuell läggning eller etnicitet.	Vi har AI som genom olämpliga datakällor återspeglar eller förstärker ojämlikheter i vårt samhälle. Tjänster som fungerar bättre eller sämre för vissa typer av människor.
Säker AI	Vi har tydliga gränser för hur AI-system ska kunna användas i krigsföring. Civila AI-system är byggda med beprövade säkerhetsstandarder och skyddar människor med robusta säkerhetssystem.	Vi har AI system som används i krig för att med billig teknik maximera antal döda och sänker ribban för när dessa system används vid konflikter. Vi har AI-system på den civila marknaden som skadar människor p.g.a. dåliga målsättningar eller dålig programmering.

Transparent AI	Vi kan förstå hur algoritmer fattar beslut samt i vilka fall de har svårt att fatta rätt beslut.	AI kan liknas vid en svart låda där resultaten varken går att förklaras eller ifrågasättas.
Ansvarig AI	Alla har ett tydligt ansvar för resultaten av de algoritmer man bygger. Från utvecklare till användare.	Ingen tar ansvar för de skador som AI-system eventuellt skapar

AI kan inte lämnas åt AI-experter eftersom det påverkar förutsättningarna inom så många olika områden. Hur påverkas framtidens juridik? Vilka skyldigheter har en AI mot samhället? Har den överhuvudtaget några rättigheter och i så fall varför? Vi har idag fysiska och juridiska personer som rättsfigurer, kommer det behövas digitala personer som rättsbegrepp i framtiden? Hur kommer arkitektur att förändras när vi människor förändrar vårt sätt att leva och kommunicera med varandra? Hur vill vi att framtidens boende och städer ska se ut? Hur ser en säker AI ut? Hur påverkas den framtida arbetsmarknaden? Vårt skattesystem? Konflikter? Integritet?

Många av dessa frågor kommer denna bok diskutera i sina respektive essäer med syfte att nyansera bilden av hur AI och smarta algoritmer fungerar och påverkar oss. För att koppla tillbaka till inledningen. Vi måste lära oss mer om Raymond Babbitt och han måste lära sig mer om oss.

2. Hur förbereder vi oss för riskerna med AI som lurar runt hörnet?

Åsa Schwarz

Åsa Schwarz är affärsutvecklingschef för Knowits säkerhetstjänster, författare och utnämnd till årets säkerhetsprofil 2017. Då släpptes även hennes senaste bok, hackerthrillern De sju nycklarna.

När jag nämner artificiell intelligens och säkerhet brukar många tänka på Skynet i 90-talsklassikern *Terminator* eller andra liknande science fiction-berättelser. Dessa berättelser bygger på begreppet »singulariteten« som myntades av matematikern och författaren Vernor Vinge 1983[5]. Men tanken om en intelligens som växer explosionsartat efter att den lyckas börja förbättra sig själv är äldre än så. Matematikern och kryptoanalytikern Irving John Good skrev redan 1965 en artikel om accelererande intelligens i tidningen *Advances in Computers*[6].

När ska då denna intelligensexplosion ske? År 2015 samlades många av de mest tongivande personerna inom området i Puerto Rico för att diskutera riskerna med artificiell intelligens. De hade mycket varierande gissningar om när singulariteten skulle uppstå men genomsnittet blev år 2045[7]. Då kanske vi inte behöver hantera frågan förrän om några decennier? Nej, sanningen är den att säkerhetsproblemen med artificiell intelligens finns redan idag och det inte är singulariteten som är vårt största problem även om vi redan nu behöver förebygga konsekvenserna om något liknande händer.

---

5 Vinge, Vernor. First Word. I *Omni Magazine*, Tersi, Dick (red), 10-15. Omni International, januari 1983

6 Good, I.J. Speculations Concerning the First Ultraintelligent Machine. *Advances in Computers* 6, 31-88, 1965.

7 Future if Life, AI Safety Myths, https://futureoflife.org/background/aimyths/ (Hämtad 2018-08-23)

Riskerna med artificiell intelligens kan diskuteras ur många olika synvinklar men nedan har jag delat upp dem i fem huvudgrupper:

1. Omedveten utveckling av skadlig artificiell intelligens

Ett av de klassiska grundproblemen när vi utvecklar artificiell intelligens för att utföra en specifik uppgift, är att det på vägen dit uppstår mycket skadliga bieffekter.[8] Med andra ord ger vi en intelligens i uppdrag att utföra ett specifikt mål som t.ex. att hålla Centralstationen i Stockholm ren och städad. Den artificiella intelligensen, som inte har några mänskliga referensramar, kan då suboptimera sitt uppdrag och bestämma sig för att slänga ner all smuts och bråte genom det runda hålet i golvet som finns i mitten av stationen. Stationen är nu ren och städad – men gångarna till tunnelbanan under är fyllda med soppor och bråte. Ännu värre är om den tänker lite längre. Vilka är det som smutsar ner? Och sedan barrikera dörrarna, eller med ännu värre medel, stoppa människor att vistas i lokalen.

2. Medveten utveckling av skadlig artificiell intelligens

I den här gruppen ingår artificiell intelligens som människan utvecklar för att skada andra och som är så effektiv att det blir ett problem för mänskligheten, på samma sätt som t.ex. kärnvapen. Idag finns det redan en stor debatt om drönare och liknande autonoma vapen samt vilken skada de kan göra[9]. Det är en mycket

---

8 Russel, Stuart. Three principles for creating safer AI. *Ted Talks.* https://www.ted.com/talks/stuart_russell_3_principles_for_creating_safer_ai (Hämtad 2018-08-25)

9 Stuart Russell, Anthony Aguirre, Ariel Conn och Max Tegmark, Why You Should Fear 'Slaughterbots'—A Response, *IEEE Spectrum, januari 2018* https://spectrum.ieee.org/automaton/robotics/artificial-intelligence/why-you-should-fear-slaughterbots-a-response

viktig diskussion. Hur ska vi hantera och reglera fysiska vapen som fattar egna beslut? Hur ska vi kunna stoppa dem om något går fel? Däremot saknas i debatten hur vi ska hantera vapnen med intelligens som färdas genom internet och sedan påverkar våra kraftverk, tåg och stänger ner våra media. Det kan på ett helt annat sätt påverka hela vårt samhälle på kort tid utan att vi har möjlighet att slå ut dem på samma sätt som hot kopplade till en specifik fysisk enhet.

3. Manipulation av artificiell intelligens

Liksom för alla system finns risken att artificiell intelligens manipuleras av någon som medvetet vill påverka systemet negativt. Eftersom artificiell intelligens är komplexa system finns ofta fler attackvektorer än traditionella IT-system. Med andra ord finns det många fler sätt att angripa systemen. Nedan är två områden som är specifika för just artificiell intelligens:

- Medveten manipulation av artificiell intelligens genom att lura dess algoritmer. Ett exempel är att man genom att sätta upp små klisterlappar på en stoppskylt kan lura den förarlösa bilen att skylten betyder något helt annat samtidigt som vi människor inte reagerar på lapparna[10].
- Interaktion med artificiell intelligens för att förändra dess beteende på ett negativt sätt. Många system med artificiell intelligens interagerar med människor och ska lära sig genom informationen de då får. Det här innebär också att människor som interagerar med dem kan lära dem oönskade saker. När Microsoft släppte sin intelligenta twitterbot, Tay, på Twitter hände just det. Inom ett halvt dygn blev hon en nazist som hatade feminism och de var tvungna att stänga ner henne.

10 Eykholt, Kevin m fl. Robust Physical-World Attacks on Deep Learning Visual Classification, https://arxiv.org/pdf/1707.08945.pdf (hämtad 2018-08-25)

4. Bias och andra problem med data

Artificiell intelligens lär sig idag av stora mängder data som produceras av människor och vårt samhälle. Det här innebär att data kan vara direkt felaktig eller helt enkelt bara spegla vårt samhälle. Problemet är att det då som underlag till beslut av en artificiell intelligens kan cementera problem som vi har och göra dem värre. Ett exempel är Googles rekryteringsannonser där algoritmer analyserade data inom området och kom fram till att det är effektivare att visa annonser med mer välbetalda arbeten för män vilket antagligen inte hade varit tanken när systemet utvecklades.[11]

5. Cyberrisker

Hittills har jag endast tagit upp de separata riskerna med artificiell intelligens men ett grundläggande problem är att artificiell intelligens, i alla fall idag, befinner sig i datorer. Det här innebär att alla säkerhetsproblem som finns med dagens IT-system även gäller för artificiell intelligens. Enda skillnaden är att konsekvenserna kan bli större eftersom systemen har ett större självbestämmande och därmed större påverkan på sin omgivning samtidigt som vi människor har mindre möjligheter att stoppa dem. Redan idag finns exempel på forskare som hackat självkörande bilar och drönare.

Det finns även stora IT-säkerhetsproblem i produkter som levereras till konsumentmarknaden. Anledningen är att konsumenter förutsätter att teven, webb-kameran eller kylskåpet är säker när de köper från kända leverantörer. De flesta vet inte heller vilka frågor de ska ställa. Det gör att leverantörerna inte upplever något konsumenttryck på säkerhet och fortsätter leverera osäkra produkter. Om vi introducerar artificiell intelligens

11 Women less likely to be shown ads for high-paid jobs on Google, study shows, https://www.theguardian.com/technology/2015/jul/08/women-less-likely-ads-high-paid-jobs-google-study

i vår vardag i form av robotar och smarta hem samtidigt som leverantörerna fortsätter leverera låg IT-säkerhet till konsumenter, ökar riskerna markant.

Sammanfattningsvis är cybersäkerhetsområdet mycket större än bara hacking. Det riktar sig mot att förhindra att information läcker ut, förvanskas eller förstörs samt för att informationen ska vara tillgänglig när den behövs[12]. Med andra ord, det tillkommer ett stort spektrum av risker.

Hur hanterar vi riskerna med artificiell intelligens?

Redan år 1942 beskrev författaren Isaac Asimov tre robotlagar som sedan har återkommit och modifierats både i hans och andra författares produktion. Lagarna innebär att robotar inte får göra människor illa, måste följa deras instruktioner och bevara sig själva.

Senare har Stuart Russell har myntat tre modernare principer[13] för säkrare artificiell intelligens som är framtagna för att hantera problemet med att målbilden ger allvarliga bieffekter på vägen dit. De innebär att artificiell intelligens inte ska ha en fast målbild utan lära sig av människor hur den ska bete sig.

Det stora problemet kommer däremot inte vara att hitta på nya lagar och principer utan att få samhället i stort att hantera riskerna med artificiell intelligens. För att uppmärksamma detta, skrev Stephen Hawking, Elon Musk och delar av forskningseliten år 2015 under ett öppet brev[14] om att all forskning inom området ska inriktas mot artificiell intelligens som gagnar människan, och inte tvärt om. Det var ett nyttigt initiativ i sig, men de flesta framsteg inom artificiell intelligens idag sker i företag och inte

---

12 Swedish Standards Institut. SS-ISO/IEC 27002 Riktlinjer för styrning av informationssäkerhet. Fastställd: 2017-02-28

13 Russell, Stuart. Three principles for creating safer AI. *Ted Talks.* https://www.ted.com/talks/stuart_russell_3_principles_for_creating_safer_ai (Hämtad 2018-08-25)

14 Future of life, An Open Letter, https://futureoflife.org/ai-open-letter/ (Hämtad 2018-08-24)

i akademiska miljöer. Företag har andra drivkrafter, regelverk och uppföljning som påverkar verksamhetens inriktning mer än ett öppet brev. Det är där vi måste höja säkerheten och medvetenheten.

I företag och andra organisationer sker idag risk- och säkerhetsarbetet främst ur två perspektiv när det gäller IT-system. Det ena är den egna organisationens risker som måste hanteras för att verksamheten ska fortgå på ett säkert sätt. Det andra är ur individens perspektiv som regleras i integritetslagstigningen som t.ex. dataskyddsförordningen[15]. Då analyseras riskerna utifrån vad som kan ske om våra personuppgifter hanteras på fel sätt. I organisationer som hanterar stora mängder känsliga personuppgifter och i myndigheter, behöver det enligt lagstiftningen finnas ett oberoende Dataskyddsombud som säkerställer att allt sker på rätt sätt. Det finns också speciallagstiftning inom området som jag inte tar upp här.

Ur ett samhällsperspektiv har vi en annan lagstiftning med fokus på verksamheter av vikt för Sverige eller Europa. Exempel på det är den nya säkerhetsskyddslagen[16] och NIS-Direktivet. De ska säkerhetsställa att organisationer som är viktiga för samhället ska fungera. De måste göra en riskanalys och ta sitt ansvar för att verksamheten ska fungera på rätt sätt.

Problemet är att vi än så länge saknar lagstiftning som skyddar samhället – och resten av världen – mot organisationer som bedriver oansvarig utveckling inom artificiell intelligens. Det finns inte heller standarder, metoder och praxis inom området. Det här innebär att det idag inte finns några hinder, mer än etiska, att utveckla artificiell intelligens på ett oansvarigt sätt så länge

15 Europaparlamentet och rådet (EU), Förordning om skydd för fysiska personer med avseende på behandling av personuppgifter och om det fria flödet av sådana uppgifter och om upphävande av direktiv 95/46/EG (allmän dataskyddsförordning) 2016/679

16 Riksdagen. Säkerhetsskyddslag (2018:585). https://www.riksdagen.se/sv/dokument-lagar/dokument/svensk-forfattningssamling/sakerhetsskyddslag-2018585_sfs-2018-585 (Hämtad 2018-08-24)

det inte påverkar personuppgifter negativt. Vi kan här dra parallellen till »Privacy by design,«[17] som integritetslagstiftningen pekar på för hur ett system med personuppgifter ska utvecklas. Något motsvarande saknas för system med artificiell intelligens där riskerna analyseras ur ett samhällsperspektiv.

Att hantera den här luckan i lagstiftningen och införa medföljande processer i våra organisationer är nyckeln till att hantera riskerna med artificiell intelligens. Däremot ska vi inte uppfinna hjulet på nytt, det finns redan metoder och standarder som går att återanvända inom bland annat cybersäkerhetsområdet som kan kompletteras med det vi vet inom forskningen om artificiell intelligens idag. Riskerna är vidare än endast säkerhetsområdet och har även stor bäring på rättvisefrågor, etik, transparens och vem som ansvar för systemen. Med andra ord ska intelligenta system inte bara analyseras ur de traditionella cybersäkerhetsaspekterna. Vi måste ta höjd för att kunna förhindra att informationen i systemen segmenterar orättvisor, att vi vet exakt varför de fattar vissa beslut och att vi inte slutligen skapar system som är direkt farliga.

För att vi ska klara att hantera riskerna med artificiell intelligens föreslås följande åtgärder:

6. En kraftfull incidenthantering när det som inte ska hända ändå händer

Oavsett hur bra vi blir på att hantera riskerna med artificiell intelligens, kommer det inom snar framtid hända allvarliga incidenter inom området. Anledningen är att utvecklingen går så pass fort att vi inte hinner testa system i den omfattningen som behövs innan de släpps. Idag finns inte alltid traditionella cybersäkerhetsrisker med i kravställning och uppföljning, än mindre risker med artificiell intelligens. Därför kommer de länder och

17 Cavoukian, Ann. Privacy by Design The 7 Foundational Principles, https://www.ipc.on.ca/wp-content/uploads/Resources/7foundationalprinciples.pdf (Hämtad 2018-08-24)

organisationer som har en riktigt bra incidenthantering, vara de som kommer bli mest framgångsrika inom området. Incidenter blir inte allvarliga om vi snabbt kan minimera konsekvenserna av dem.

7. Definiera grundprinciper för artificiell intelligens

Vi behöver på nationell nivå, eller ännu hellre på Europanivå, definiera vilka grundprinciper som ska gälla för artificiella system ur perspektiven säkerhet, rättvisa, etik, transparens och ansvar. Eftersom vi lever i en internationell värld hade det varit önskvärt med ett ännu bredare grepp men det är tyvärr omöjligt då vi har olika syn och värderingar. Vi skulle helt enkelt inte kunna enas och projektet gå i stå. Det här kommer vara en våra största utmaningar.

8. Lagstifta mot oansvarig utveckling av artificiell intelligens

Redan idag behöver vi undersöka möjligheterna till en lagstiftning för att hantera oansvarig utveckling av artificiell intelligens. Den kan t.ex. likna Dataskyddsförordningen, men med större fokus på att skydda samhället och inte den enskilde personen.

9. Utveckla modeller för säker utveckling av artificiell intelligens

Vi bör definiera en modell för säker utveckling av system med artificiell intelligens. En sådan modell kan användas för att säkerställa att rätt tester har gjorts samt att principer för arkitektur och design har följts. Denna bör inte avvika utan komplettera befintliga modeller och processer för säker utveckling som t.ex. SDL[18] samt Privacy by design. Annars kommer det vara ett allt

18 Microsoft. What is the Security Development Lifecycle. https://www.microsoft.com/en-us/sdl (Hämtad 2018-08-24)

för stort steg för organisationer att ta till sig dem och införandet att fallera.

10. Oberoende uppföljning av artificiella system och dess processer.

Organisationer som utvecklar system med artificiell intelligens behöver ha ett system för oberoende uppföljning. Ett exempel kan vara ett oberoende ombud som följer upp att organisationen följer de lagstadgade processerna för artificiell intelligens, ett AI-skyddsombud.

11. Ställ krav på leverantörer till konsumentmarknaden

Tillverkarna av produkter som är uppkopplade mot nätet måste hållas ansvariga för säkerheten i sina produkter. Det är inte bara deras kunder som blir drabbade av den dåliga säkerheten, utan hela samhället kan utsättas för till exempel ddos-attacker när processorkraften i de hackade produkterna används. Om vi sedan stoppar in artificiell intelligens i dem kommer risken bli alldeles för stor. Men om vi har t.ex. el-säkerhetsmärkningar (CE), varför har vi inte IT-säkerhetsmärkningar och i förlängningen märkningar för säker artificiell intelligens?

12. Definiera ansvaret för användning av artificiell intelligens

Inget blir säkert, om vi inte vet vem som ansvarar för säkerheten. I vissa fall är det komplicerat som t. ex. förarlösa bilar med leverantörer, operatörer, ägare och det som vi nu kallar förare men så småningom snarare blir passagerare. *Tesen »ägaren har ett strikt ansvar« kan vara värd att prövas. Här kan man titta på lagstiftningen för hundar där ägaren har ett strikt ansvar för hunden, oavsett vad den gör.* Det här kommer antagligen att göra av vi får se nya affärsmodeller dar konsumenter inte längre äger produkter de använder eftersom de som privatpersoner inte vill ta ansvaret.

13. Kombinerade utbildningar i artificiell intelligens och cybersäkerhet

Det finns både i Sverige och internationellt en stor brist på kompetens inom cybersäkerhet och artificiell intelligens. Det finns ännu färre personer som kan båda delarna. En unik satsning som kombinerar ämnet skulle markant öka möjligheterna att förebygga våra risker.

Nu har jag ägnat den här essän till att diskutera risker med artificiell intelligens och vad vi ska göra åt dem. Men något som vi inte ska glömma är att artificiell intelligens, utvecklad på rätt sätt, kan höja vår säkerhet markant inom många områden. Ett exempel är att vi med självkörande fordon kan minska risken för olyckor och dödsfall då vi människor är den svaga länken i trafiken. En annan är inom mitt arbetsområde, cybersäkerhet, där vi mycket lättare kan upptäcka ovanliga mönster och attacker. Jurister och läkare kan också få bättre beslutsstöd och hjälp i sitt arbete. Exemplen är oräkneliga.

Arbetar vi idag med riskerna med artificiell intelligens kan vi på ett helt annat sätt vara trygga med den spännande och nya värld vi skapar imorgon.

3. *Åtta biljoner anledningar för jurister att intressera sig för AI*

Fredrik Svärd

Fredrik Svärd är jurist och journalist med inriktning mot yttrandefrihet och integritet. Han är grundare av sajten Legaltech.se, instiftare av Swedish Legal Innovation Awards och tidigare chefredaktör för Dagens Juridik. Han arbetar idag som generalsekreterare för Forum för dataskydd.

Utvecklingen har gett lagstiftare och jurister en del att fundera över. System som används av brottsbekämpande myndigheter, rekryterare och marknadsförare har kritiserats för att särbehandla och diskriminera. Vi i dataskyddsbranschen diskuterar hur organisationer ska kunna lämna begriplig och lättillgänglig information om automatiserade beslut och profilering till konsumenter när utvecklarna, och ännu mindre användarna, inte själva kan överblicka hur systemen fungerar. Regleringen av självkörande fordon, autonoma vapensystem automatiserade myndighetsbeslut och användningen av AI i konsumenttjänster diskuteras flitigt inte bara i medier utan även i utredningar och avhandlingar.

Parallellt pågår en annan diskussion – om hur tekniken kan användas av jurister och hur den påverkar juristbranschen och rättsväsendet. Allt fler, inklusive exempelvis domare och advokater, bedömer att AI har potential att tillgängliggöra juridisk rådgivning för fler och rättstillämpningen mer enhetlig samtidigt som tvister och processer kan avgöras snabbare eller helt förebyggas. Branschen ser både hot och möjligheter.

Marknaden för juridisk rådgivning är värd omkring åtta biljoner kronor.[19] Samtidigt lider advokatbranschen på sina håll

19 https://www.statista.com/statistics/605125/size-of-the-global-legal-services-market/

av överetablering, undersysselsättning och stagnerande produktivitet – som i USA. Unga jurister har svårt att hitta jobb, advokatbyråer har gått i konkurs och law schools har lagts ned. Samtidigt talas det om bristande »access to justice« – behovet av juridisk rådgivning tillgodoses inte, många företräder sig själva i domstolar. I USA sägs det att 80 procent av behovet går ouppfyllt. Mot den bakgrunden finns det alltså incitament för förnyelse – för att nå ut till nya segment och för att öka effektiviteten i den befintliga rådgivningen.

Advokatbyråer har de senaste åren börjat investera i AI-baserade verktyg som – om man får tro utvecklarna – avsevärt kan reducera behovet av manuell informationssökning och dokumentgranskning i samarbete med exempelvis »due diligence«-arbete inför transaktioner.

Ett sådant verktyg visade sig i en studie inte bara vara snabbare än jurister, det nådde också en högre grad av precision.[20] Många byråer är fortfarande i utvärderingsfasen, andra har börjat använda verktygen i skarpt läge. Större byråer, som Dentons, Pinsent Masons och Linklaters, har utvecklat egna system eller haft nära samarbeten med startups på området. Många har inkubatorer och anställda som enbart arbetar med innovationsprojekt. Mindre byråer har kunnat ta sig an uppdrag som tidigare varit förbehållna större aktörer med kapacitet att granska miljontals dokument manuellt.

I Sverige utvecklar MAQS och Lindahl, två större affärsbyråer, ett eget verktyg i samarbete med IBM och VQ Legal.[21] Andra har investerat i utländska produkter, såsom Luminance, Kira, RAVN och Riverview Law. Bolagsjurister har också börjat intressera sig för utvecklingen.

AI kan också användas för exempelvis tidrapportering, kostnadsberäkning, kommunikation med klienter och för att ingå

20 https://prismlegal.com/ai-beats-lawyers-nda-review-accuracy-lawgeex-study/

21 VQ Legal är en svensk utvecklare av verktyg för dokumentautomation, se www.vqab.se

avtal direkt med andra AI-verktyg. Mer nischade exempel är finländska TrademarkNow som analyserar varumärken och verktyg som Polisis, UsablePrivacy och Claudette som analyserar och förklarar integritetspolicies. Det finns även företag som riktar in sig på tolkning av försäkringsvillkor.

En annan sida av access to justice-problemet är långa handläggningstider och oförutsägbara utfall i domstolar. Regeringar investerar nu på sina håll i digital teknik för att göra domstolarna mer tillgängliga.[22] Amerikanska domare använder redan idag verktyg som Compas och The Arnold Algorithm för att bedöma risk för återfall i brott. I Kina använder lokala domstolar AI för att effektivisera beslutsfattandet, och i Europa har forskare utvecklat en algoritm som ska kunna avlasta Europadomstolen genom att förutsäga utgången i enskilda ärenden. Rådgivare kan med samma teknik hjälpa klienter att nå förlikningar och att undvika kostsamma processer.

Tvister hanteras också i ökande utsträckning helt utan inblandning av vare sig domstolar eller advokater. Företag som eBay, Amazon och PayPal har under lång tid använt sig av avancerade system som Modria för tvistlösning. Modria, som analyserar avtalsvillkor och den aktuella situationen och föreslår lösningar helt utan mänsklig inblandning, marknadsförs nu till domstolar.[23]

Detta, och framväxten av rena konsumenttjänster för exempelvis upprättande och ingående av avtal och överklagande av myndighetsbeslut, har fått branschen att skruva på sig. Undersökningar visar också att allt fler byråledare tror att datorer kan komma att ersätta unga biträdande jurister.[24] Det betyder kanske inte slutet för juristerna (för att citera den juridiske futuristen Richard Susskind) – forskare bedömer att omkring 13 procent av

---

22 http://www.legaltech.se/blogg/brittiska-rattsvasendet-blir-digital-by default

23 https://www.tylertech.com/solutions-products/modria

24 Se Altman Weils årliga undersökning Law Firms in Transition: www.altmanweil.com

juristernas arbete kan automatiseras – men det kan förändra yrkesrollen och ge upphov till nya organisations- och affärsmodeller.

Renodlade legal tech-konferenser i större städer räknar numera besökare i tusental, besökare som försöker förstå och anpassa sig till utvecklingen. Ett återkommande tema – jag har besökt och även varit med och arrangerat en del events – är de hinder som ligger i vägen för utvecklingen. Advokatbyråernas partnermodell brukar framhållas, liksom advokatsamfundens regler om externt ägande och styrning. I England, där man sedan en tid tillåter så kallade Alternative Business Structures, finns numera teknikföretag som äger advokatbyråer och vice versa. I Sverige finns inte samma möjligheter. OECD uttalar i en rapport att regelverken riskerar att hämma utvecklingen.[25]

Ett annat, relaterat, problem är att investerare fram tills nyligen visat svalt intresse för branschen. Men trenden kan ha vänt. Utomlands har ROSS, ett (delvis) Watsonbaserat verktyg utvecklat i samarbete med tidigare nämnda Dentons, nyligen tagit in 13 miljoner USD i friskt kapital. Hemmavid har investerare gått in med kapital i svenska DPOrganizer, e-signaturföretagen Assently och Scrive samt norska Oneflow. Vinnova har stöttat VQ:s utveckling av en AI-plattform som förklarar innebörden av avtal, och avser nu ge bidrag till ytterligare en rad legal tech-projekt.

Det största problemet är kanske juristerna själva. Det råder stor brist på jurister med IT-kompetens, och även med kompetens inom projektledning, entreprenörskap och affärsutveckling. Den traditionella juristutbildningen är i mångt och mycket en domarutbildning med tonvikt på inläsning av lagtext, rättsfall och juridisk litteratur.

För att göra jurister mer framtidssäkra har lärosäten som Cornell, Harvard, Georgetown, Stanford, New York Law School, och i Europa Ulster University, Köpenhamns universitet, Helsingfors universitet, Leiden University och Tilburg University tagit fram program och kurser med inslag av teknik, eller initierat forsk-

25 http://www.oecd.org/officialdocuments/publicdisplaydocumentpdf/?cote=DAF/COMP/WP2(2016)1&docLanguage=En

ningsprojekt och laboratorier. Osgoode Hall låter studenter ta fram tekniska lösningar på juridiska problem, Michigan State University College of Law har startat ett center för legal research and development, och Bucerius Law School i Hamburg anordnar en sommarkurs med inslag som computational law and rules-driven automation, legal analytics and artificial intelligence och legal technology in dispute resolution.

En företrädare för ett venture capital-företag jag talade med för en tid sedan menade att juristbranschen har digitaliseringsfobi. T-formade jurister – jurister med kompetenser som kompletterar de juridiska kunskaperna - är säkert bättre på att ta vara på teknikutvecklingens möjligheter, bättre rustade för förändring än andra och bättre på att se möjligheter såväl som risker. Det finns också de som hävdar att ett visst mått av förståelse för teknik är direkt nödvändigt, om inte annat för att kunna använda moderna arbetsverktyg och för att exempelvis skydda information som omfattas av klientsekretess. Men detta handlar inte bara om juristbranschens framtid.

Vi har tidigare sett exempel där det uppstått nya produkter, marknader och industrier på kort tid. Är lagstiftaren inte tillräckligt proaktiv blir det lätt besvärligt att korrigera i efterhand – som vid genomförandet av den europeiska dataskyddsreformen. Och för att dra den liknelsen ett varv till hade många företag som nu hamnat i blåsväder för oetisk eller otillåten hantering av personuppgifter troligtvis fattat andra beslut om de involverat jurister med rätt kompetens och mandat i ett tidigare skede. När det nu tas fram principer, etiska ramverk och lagstiftning för AI-utveckling och AI-användning är det en angelägenhet för samhället i stort att det finns jurister med förståelse för artificiell intelligens som kan bidra till att leda utvecklingen rätt.

4. *Så kan AI och robotar ge oss ett nytt arbetsliv*

Per Lagerström

Per Lagerström är kommunikationsansvarig framtidsspanare med ansvar för digitaliseringsfrågor på Futurion – TCO:s och TCO-förbundens gemensamma tankesmedja för framtidens arbetsliv. Han har över 25 års erfarenhet av kommunikation och ledning från offentlig och ideell sektor och är en ofta anlitad föreläsare kring frågor som rör framtidens färdigheter och lärande i ett digitaliserat arbetsliv.

Oro över hur teknikskiften påverkar arbetsmarknad och arbetstillfällen är inget nytt. Den romerske kejsaren Vespasius oroades år 69 e.kr över att det inte skulle gå att föda befolkningen när pelarna till Capitolium levererades med maskiner istället för med bärare, och drottning Elisabet I uttryckte år 1589 sin oro över att stickmaskinen skulle göra befolkningen arbetslös och tvinga dem att bli tiggare.

Det intressanta är att vi fortfarande har samma perspektiv på vad nya tekniska landvinningar kan innebära för jobb och välfärd. Prognoser och profetior över automatiseringens framtida effekter heter nästan uteslutande något på temat »risk of automation«. *Risken*, inte möjligheterna, står i fokus.

När Stiftelsen för strategisk forskning (SSF) våren 2018 genomförde en Novus-undersökning[26] om svenska folkets syn på livet med AI i framtiden svarade 46 procent att »många« eller »hälften« av alla jobb är ersatta med AI om 15 år. Men bara 1 procent trodde att just deras jobb kommer att försvinna. Förmodligen hade undersökningen givit samma svar om SSF bytt ut AI mot ord som automatisering eller robotisering.

26 https://strategiska.se/app/uploads/livet-med-ai-novus.pdf, (hämtad 2018-10-17)

Forskningen om automatiseringens effekter på arbetsmarknaden har nästan uteslutande presenterats med siffror på hur många jobb som kan komma att försvinna. Ibland är det robotar som är sinnebilden för hotet, ibland artificiell intelligens och maskininlärning, ibland båda delar och i termer av det kanske läskigaste av allt: »smarta robotar«.

I grunden bygger den forskning som i media sammanfattas med att »hälften av alla jobb försvinner«, på studier där bland andra svenske forskaren Carl Frey och hans kollega Michael Osborne vid institutionen för Technology and Employment vid Oxford Martin School, analyserat den amerikanska databasen The Occupational Information Network (O*NET) och dess definition av arbetsinnehållet i 702 olika yrken på den amerikanska arbetsmarknaden. Den mest citerade studien är från 2013 och har titeln »*The Future of Employment: How susceptible are jobs to computerisation?*«[27]

Denna forskning är inte så alarmistisk som citeringarna i media ger sken av. Att vissa yrken försvinner är förvisso sant. Både hiss- och kägelpojkar har automatiserats bort. Men det är mycket viktigare och mer konstruktivt att istället fokusera på automatiseringens två andra effekter; nämligen att jobb fördjupas, förändras och att helt nya möjligheter uppstår. Mycket svårare, men mycket viktigare, eftersom det utmanar vårt sätt att se på kompetenser och kräver att vi fokuserar på hur vi människor och maskiner samspelar och hur vi kan dra nytta av automatiseringen. Inte betrakta den som ett hot.

Självklart har alla teknikskiften inneburit en mer eller mindre plågsam kompetensväxling som följd. Att vi i Sverige internationellt sett klarat av detta väl, beror till stor del på våra flexibla omställningssystem, som en viktig del av den svenska partsmodellen. Eller som New York Times konstaterar i en artikel från

27 https://www.oxfordmartin.ox.ac.uk/publications/view/1314, (hämtad 2018-10-17)

2017: »*The robots are coming and Sweden is fine*«[28]; och fortsätter: »I en värld full av ångest över automatiseringens jobbförstörande effekter, står Sverige väl rustat för att omfamna ny teknik och samtidigt begränsa de negativa mänskliga effekterna.«

Gott så. Men när vi nu står i början av ytterligare ett sådant där utvecklingssteg så är det viktigt att se *vilka typer av kompetenser* som behövs för att vi även denna gång (precis som efter akvedukter och symaskiner) ska kunna få ett ännu bättre och mänskligare arbetsliv.

Ny teknik kräver ny kompetens

När vi i slutet av 1700-talet lyckades få in ångkraften i den industriella produktionen var den efterfrågade kompetensen muskelkraft och enkel maskintekniskt kunnande. När vi drygt 100 år senare på allvar elektrifierade våra processer, ökade den potentiella effektiviteten enormt och kompetensbehovet handlade om att standardisera, minska risker och skapa förutsägbarhet. Datoriseringen för drygt 40 år sedan och framåt har inneburit krav på ökad specialisering och digitala spetskompetenser.

Och in kommer nu den fjärde industriella revolutionen med AI, trådlösa, neurala nätverk och sakernas internet och då handlar kompetensbehovet istället om att vara »agilt« förändringsbenägen, tvärsektoriell och att ha förmågan att se nya samband. Det vill säga en uppsättning förmågor och färdigheter som ganska radikalt skiljer sig från det vi tidigare premierat och fortfarande har behov av.

Den stora utmaningen, och lite förenklat hela den gordiska knuten och svaret på om vi kommer att kunna skapa oss ett mänskligare arbetsliv med hjälp av AI, ligger i att vi tillsammans kan hantera den kompetensmässiga resan från IQ till AQ (ett mått på förmågan att möta motgångar och förändring). Från intelligens och att veta svaret på frågan, till anpassningsbarhet och förmågan att ställa rätt fråga.

---

28 https://www.nytimes.com/2017/12/27/business/the-robots-are-coming-and-sweden-is-fine.html?_r=0, (hämtad 2018-10-17)

Det är en kompetensutmaning som heter duga eftersom den i grunden kräver att vi *både* klarar av att lösa dagens akuta kompetensbrist på olika typer av IT-specialister och *samtidigt* förändrar vår syn på kunskap, kompetens och färdigheter. Både på *vad* vi behöver prioritera att lära oss, och *var* och *hur* vi lär oss detta.

Vad, var och hur behöver vi förändra vår kompetens i framtiden?

VAD? När vi från Futurion gick igenom den internationella forskningen om automatiseringens effekter på framtidens arbetsliv sammanfattade vi kompetensbehovet i rapporten *Framtidens färdigheter i ett digitaliserat arbetsliv (2017)*[29]. Färdigheter som nytänkande, konstnärlighet, social kompetens, övertalningsförmåga och medkänsla. En lista över genuint mänskliga färdigheter, s.k. soft skills på managementsvenska, något som alla rekryterare och HR-avdelningar redan idag lyfter fram i jakten på framtidens medarbetare.

Ett annat sätt att testa den här kompetensprofilen är att ställa frågan vad vi *inte* behöver kunna. När Futurions kaliforniska samarbetspartner Institute for the Future (IFTF) våren 2018 frågade ett antal AI-experter vilka som är de minst betydelsefulla kompetenserna i en AI-framtid[30] fick de följande svar:

- **Kodning** – systemen kommer vara självprogrammerade.
- **Designa utbildningar och kurser** – de som lär sig skapar sina personliga utbildningar.
- **Planera, schemalägga och organisera** – kommer att vara helt automatiserat.
- **Planering och beslutsfattande** – algoritmerna tar hand om KPI-baserade beslut.
- **Programmera AI-system** – gränssnitten kommer att vara »drag-and-drop«.

---

29 http://futurion.se/framtidens-fardigheter-i-ett-digitaliserat-arbetsliv/ , (hämtad 2018-10-17)

30 http://www.iftf.org/future-now/article-detail/what-are-the-least-essential-skills-in-the-ai-future, (hämtad 2018-10-17)

- **Skriva eller granska CV:n** – anseende och rykten sprids socialt.
- **Studera juridik** – att tolka lagstiftning blir automatiserat.
- **Data- och resultatanalys** – gå på magkänsla, data analyseras automatiskt.

Och så den avslutande summeringen: **Allt som är repetitivt** – det som går att definiera, går att programmera.

Samma slutsatser präglar analysen från Nesta, en brittisk stiftelse för policyutveckling. I rapporten *Which digital skills do you really need?* (2018)[31] konstateras att alla digitala kompetenser definitivt inte är »framtidssäkrade« och de som framför allt inte kommer att vara aktuella i framtidens arbetsliv handlar om kompetenser inom tjänsteområden där vi automatiserat saker som vi tidigare gjorde manuellt. Det som däremot är viktigt att prioritera är exempel på (digitala) färdigheter som handlar om att skapa nytt, innovera och designa nya system och tjänster.

En stor utmaning för hela utbildningssystemet är att det är väldigt svårt att skapa kursplaner i nytänkande, eller i medkänsla och social kompetens för den delen. För att inte tala om svårigheten att validera eller certifiera dessa kompetenser. Här behöver vi tänka nytt i hela kedjan. Från utbildningsanordnare till jobbsökande och arbetsgivare.

VAR? Dagens utbildningssystem, som till stora delar kan liknas vid en kamel, där vi fyller våra kunskapsdepåer för att orka igenom den ökenvandring som vi kallar yrkeslivet, med målet att överleva ända fram till pensioneringen i en oas långt borta. Ett system som nästan ingen tycker är framtidsanpassat, men som vi ändå har förtvivlat svårt att reformera.

När TCO lägger förslag om att högskolor och universitet även

31 https://www.nesta.org.uk/report/which-digital-skills-do-you-really-need/ , (hämtad 2018-10-17)

ska få ett omställningsuppdrag[32], utöver att forska, undervisa och sprida sin kunskap, så tvekar politiken. Medan universitetsrektorerna själva säger: »Ja! Vi vill gärna spela den rollen, men då måste vi få rätt ekonomiska incitament.« Det vill säga det måste vara lönsamt att erbjuda korta kurser för folk som behöver ställa om, och inte bara att utbilda studenter. Under Futurions seminarium *YouTube, Yale eller mittemellan* i Almedalen 2018 pratade den Kungliga tekniska högskolas (KTH) rektor Sigbritt Karlsson utifrån ett framtidsscenario, formulerad som en kurskatalog för läsåret 2026-2027[33] där den KTH inte längre har en fast fysisk adress, där studenterna har blivit (livslånga) medlemmar, där man alltid är nyutbildad ochdär alla medlemmar på lärosätet har en AI-mentor.

Den här typen av framtidsscenarier och visioner är precis det som behövs för att den högre utbildningens institutioner skall vara relevanta i en snabbrörlig framtid, där informellt lärande uppvärderas och där allt mer lärande sker på andra ställen än i skolan.

För att utforska detta vidare bjöd Futurion med partners in till samtal om de framtidskompetenser som göms i spelande och spelvärlden i en *Future Skills Lounge* på *DreamHack Summer 2018*[34]. Där varvade vi samtal med unga och erfarna gamers som beskrev vilka kompetenser som krävs vid övertagande av en bombplats i *Counter Strike*, hur du ska tänka i spelets slutskede – s.k. »late games« i *Fortnite* eller när du använder dina »superkrafter« – »ultimates« i *League of Legends*. Samtal[35] som tydligt visar att den som spelar spel förvärvar och utvecklar många av de kompetenser som dagens arbetsgivare söker. Som den 20-årige

32 https://www.tco.se/Aktuellt/Debatt/2018/oppna-hogskolan-for-yrkesverksamma/ , (hämtad 2018-10-17)

33 https://intra.kth.se/polopoly_fs/1.695174!/Framtidens utbildningar - en scenariodiskussion.pdf , (hämtad 2018-10-17)

34 https://www.futureskillslounge.se/ , (hämtad 2018-10-17)

35 https://www.youtube.com/playlist?list=PLcJM-Y0OUM1tPENSPuXlcrDFTmKc8utc2 , (hämtad 2018-10-17)

CS-spelaren som först efter att han i lunchrusningen på sitt första jobb på McDonalds förstod att han på frågan: »Kan du hantera stress och hålla många bollar i luften?« borde ha svarat: »Jag är grym på »clutch fights« i CS, där jag ensam möter tre motståndare« Nästa utmaning blir förstås att öka förståelsen även hos arbetsgivare så att fler vet vad de ska leta efter när de rekryterar.

Vare sig spelvärlden eller andra informella arenor för lärande kan ersätta den formella undervisningen, men definitivt komplettera den och är en förbisedd eller underutnyttjad resurs. Som grundskolechefen för Jönköpings kommun konstaterade i samtalssoffan på *DreamHack Summer*: »Vi vet att kunskapsmonopolet redan är avskaffat. Och det är bara bra.«

HUR? Med ett upphävt kunskapsmonopol, allt kortare hållbarhet på förvärvade kompetenser och en ständig tillgång till ett digitalt överflöd av YouTube-tutorials, MOOC:s och andra utbildningar online, så har redan sättet vi lär oss saker förändrats. Och den förändringen kommer att fortsätta. I rapporten *Charting new paths to the future*[36] har (IFTF) sammanfattat hur världens största vuxenutbildare – nätverket av kommunala colleges i Kalifornien – hanterar den digitala transformationen när det gäller lärandet. De bygger sin förändringsresa på författaren och futuristen Ian Morrisons teori om the »second curve«[37] där det gäller att följa med den existerande vågen in i en framtida. Ett agilt och flexibelt sätt att leda förändring.

När det gäller framtidens lärande har IFTF identifierat åtta dimensioner – från ett gammalt, oftast analogt och platsbestämt, sätt att lösa saker till ett nytt, oftast digitalt och alltid agilt:

1. Från individ till grupp till nätverk.
2. Från utbildning definierad till tid, plats och livsfas till ständig fortbildning.

---

36 http://www.iftf.org/fileadmin/user_upload/downloads/learning/IFTF_CCC__ChartingNewPaths_SR-1930.pdf, (hämtad 2018-10-17)

37 http://ianmorrison.com/the-second-curve/ , (hämtad 2018-10-17)

3. Från avgångsbetyg till återkommande feedback.
4. Från begränsad kurslitteratur till ett digitalt överflöd.
5. Från »tidigare utbildning« till »senaste jobbet« – i rekryteringen.
6. Från en kurs för alla till skräddarsydda upplevelser.
7. Från magkänsla till algoritmer – i rekryteringen.
8. Från fasta fysiska miljöer till en digital-analog mix.

Värt att notera är förstås att många av de här förändringarna blir möjliga tack vare en ökad och förfinad matchning baserad på algoritmer.

I den utmärkta boken *A new culture of learning – cultivating the imagination for a World of constant change* (2011) tar författarna Douglas Thomas och John Seely Brown bl.a. fasta på Polanyis paradox – den som säger att vi kan mycket mer än vi kan beskriva i ord. De menar att framtidens ständiga och snabba förändring är som gjord för tyst lärande, »tacit learning« och pekar lite förenklat på ytterligare ett par parametrar som ett framtidsanpassat lärande måste utgå ifrån. Det handlar om att gå från (min översättning) att:

- läsa läxan – till att läsa läraren
- läsa manualen – till att testa funktionerna
- lära genom att läsa – till att lära genom att göra
- lära genom att lyssna – till att lära genom att uppleva
- ge rätta svar – till att ställa rätt frågor.

Ur ett fackligt perspektiv har detta med kompetensväxling historiskt varit samma sak som att »byta ut personalen«, d.v.s. ett hot. Men i en framtid där det faktiskt inte finns »någon annan att tillgå«, där företag söker efter talanger med förmåga att lära, snarare än med formell utbildning, kommer det i grunden att handla om både kompetensutveckling och kompetensväxling. För alla. Oavsett bransch.

För att den optimistiska synen på vad ett AI-förstärkt arbetsliv kan göra för oss skall bli verklighet, krävs en kombination av tre saker. För det första en anpassning av dagens formella utbildningssystem, av den typ som Kaliforniens »community colleges« arbetar utifrån. För det andra en ny syn på lärande, som förespråkas av John Seely Brown. För det tredje måste också det arbetsplatsnära lärandet prioriteras. Principen om 70-20-10 där 70 procent av lärandet sker i jobbet, 20 procent genom fortbildning och 10 procent i externa kurser, är nog en god tumregel. Problemet idag är att det inte sker. När Finansförbundet, som organiserar anställda i den automatiseringsutmanade finansbranschen, frågar sina medlemmar om de får den kompetensutveckling de behöver så svarar bara hälften att det finns en plan för fortbildning. Och bara 40 procent – av de 50 procenten – att planen verkligen genomförs.

Det främsta skälet att det inte blir av är tidsbristen. Därefter den egna och chefens låga motivation. Slimmade organisationer och ekonomisk högkonjunktur leder till pressade arbetssituationer, och det kommer alltid vara lättare att göra lite mer av det man håller på med, än att lära nytt och lära om.

Ett annat reellt problem när det gäller fortbildningen redan idag är att beskrivningen av det AI-förstärkta kompetensbehovet är så vag, för att inte säga osynlig. Budskap av typen: »AI kommer att förändra allt. Men vi vet inte hur«, är inte mycket till hjälp för den som söker rätt sorts kompetensutveckling, kurs eller utbildning. Problemet är att den rådande förhoppningen till AI inom de flesta branscher inte ger mycket mer vägledning än så. I konsultföretaget SAS rapport *The enterprise AI promise: Path to value*[38] sammanfattas bilden av AI-framtiden hos ledande internationella bolag i en kombination av 1) enormt höga förväntningar, 2) dålig organisatorisk beredskap, 3) stor osäkerhet kring vilken typ av kompetensutveckling de mänskliga medarbetarna behöver samt 4) etiska dilemman.

I inledningen av seminariet *Livet med AI* i Almedalen 2018 inledde Magnus Boman, professor i intelligenta programva-

38 https://www.sas.com/content/dam/SAS/el_gr/doc/infographic/ai-research.pdf , (hämtad 2018-10-17)

rusystem på KTH, med att konstatera att rätt svar på hur AI kommer att påverka våra jobb och arbetsmarknaden är »vet ej«. Osäkerheten kring utvecklingen av AI är för stor för tvärsäkra prognoser. Men det gör den inte mindre intressant. Tvärtom. Det är de svaga signalerna, d.v.s. kombinationen av osäkra men omvälvande faktorer, som är viktiga att ha koll på i framtidsspaningarna.

Istället för att »vänta och se« är det lika bra att vi börjar förbereda oss på ett alltmer AI-förstärkt arbetsliv. Vi måste börja lära för lärandets skull. Prioritera de genuint mänskliga färdigheter som har bäst chans att överleva automatiseringen och inte minst fortsätta gå från IQ till AQ. Eller som futuristen Alvin Toffler lär ha sagt: »Framtidens analfabet är inte den som inte kan läsa eller skriva, utan den som inte har förmågan att lära, lära om och lära nytt.«

5. *Behövs det nya lagar om AI?*

Maria Nyström Agback
Maria Nyström Agback är jurist på Sveriges kommuner och landsting, SKL, och tjänstgör ibland i Försvarsmaktens underrättelsetjänst. Hon har tidigare arbetat som omvärldsanalytiker och tjänstgjort i tillfälliga staber som hanterat terroristbrott, ebolahot och skogsbrand.

AI framställs ofta som lösningen på de flesta av våra framtidsutmaningar. Många av debattörerna menar att vi måste skynda oss att införa alla dessa drömlösningar – Sverige får inte halka efter! Det finns varken behov eller tid att krångla med regler! Men det finns också de som varnar för AI och listar olika risker. Även de tycker att det är bråttom – med att införa lagar som förbjuder och reglerar. Vi måste skydda oss mot det som är farligt med AI! Det tar lång tid att göra nya lagar, vi måste börja direkt!

Så hur blir framtiden? Kommer vi att behöva många nya lagar? När man ska förutspå framtiden blir det vanligtvis extremt åt det ena eller andra hållet – framtiden är antingen så bländande ljus att man behöver solglasögon eller ett kolsvart hål som ska undvikas till varje pris. Men den samtid vi lever i innehåller både gott och ont, vissa saker blir sämre, andra bättre. Och den samtiden var ju nyss vår framtid.

Inom statistiken talar man om regression mot medelvärdet: vissa saker blir väldigt bra eller väldigt dåliga, men när saker får ske tillräckligt många gånger kommer man att se att de i de flesta fall inte blir extrema åt något håll, utan mer något mittemellan. AI kommer att innebära både möjligheter och risker, men i många fall är det svårt att entydigt säga hur vi påverkas av att t.ex. kommunicera med röststyrda assistenter i vårt hem när de envisas med att inte förstå vad vi menar.

Om man tänker sig att en framtid med AI blir ungefär som

den framtid vi varit med om hittills, där vissa saker blir helt annorlunda men det mesta förändras i en hanterbar takt, slipper man känna panik över att lagstiftningen inte hänger med utvecklingen. Det är ofta så att lagstiftningen inte håller jämna steg med utvecklingen inom ett samhällsområde. Utvecklingen sker ändå. De som driver och efterfrågar just den utvecklingen ser till att hitta sätt att komma framåt enligt gällande rätt. Eller i värsta fall trots gällande rätt.

Det finns minst tre andra skäl att inte oroa sig alltför mycket över hur mycket eller lite lagar vi behöver om AI. Det första är att lagar har begränsad effekt på det vi vill påverka. Det andra är att lagstiftningsprocessen delvis är igång, även om den tar lång tid. Det tredje skälet är att rättssystemet kan fungera även utan heltäckande lagar.

Lagar har begränsad effekt

Det kan låta klokt att säga att vi måste införa lagar för att skydda oss mot något, eller förändra befintliga lagar för att få något att hända. Men det finns en övertro på lagars effekt: saker slutar faktiskt inte hända bara för att man förbjuder dem. Brott begås hela tiden via olika system som programmerats att fatta egna beslut inom vissa ramar. Det kan ske genom att systemen medvetet utformats för att möjliggöra brott, eller omedvetet utformats så att de möjliggör brott. Det kan också ske genom människors interagerande med autonoma system. Det kommer alltid att finnas människor som försöker manipulera systemet eller testa dess gränser.

Brott förhindras inte via lagar i sig själva. Man måste tillföra något mer än själva förbudet: en mekanism för att kontrollera att förbudet efterlevs, ett sätt att förhindra att någon bryter mot det. För att lagar ska fungera så måste det också finnas en allmän acceptans för att sådana lagar behövs, en vilja hos de flesta att följa lagarna.

Lagändringar är på gång

AI-samhället är ju i vissa delar redan här. Självkörande fordon finns i allmän trafik i Sverige idag. Ett fåtal självkörande bussar i Stockholm och Göteborg med en toppfart på 20 km/h känns kanske inte så revolutionerande, men de finns här och nu. Sedan en tid tillbaka finns lagstiftning som reglerar detta[39]. Där föreskrivs bland annat att det måste finnas en mänsklig förare – men föraren behöver inte befinna sig i fordonet.

Transportstyrelsen har sagt nej till en ansökan från Volvo om att 100 familjer i Göteborg skulle få låna och använda självkörande bilar. Bilarna skulle vara försedda med kameror som filmade föraren, passagerarna och pedalerna, vilket innebär att verksamheten skulle bli tvungen att följa de krav som ställs i bland annat GDPR på insamling och hantering av persondata. Men det var inte personuppgiftshanteringen som gjorde att ansökan inte beviljades. Transportstyrelsen avslog ansökan med motiveringen att man inte kan ge Volvo tillstånd till försökstrafik som sedan utförs av personer som inte är anställda hos Volvo. Kanske kommer en framtida ansökan där testfamiljernas förare anställs av Volvo att beviljas?

Andra ansökningar som kommit in till Transportstyrelsen gäller självkörande sopbilar, lastbilar och bussar. Den som ansöker om att få bedriva tester med självkörande bilar i allmän trafik måste kunna visa att alla risker är omhändertagna. Det är den som sökt och fått tillstånd som är ansvarig vid eventuella olyckor – om det inte är så att föraren har orsakat olyckan. Enligt Transportstyrelsens utredare skulle man inte ha gett tillstånd till den typ av trafik som Uber bedrivit i Arizona, USA. Där körde en självkörande Volvobil på en kvinnlig cyklist, som avled. Uber stoppade trafiken men har sedan dess återupptagit försöken med självkörande bilar, efter att ha infört ett system som övervakar

39 SFS 2017:309, Förordning om försöksverksamhet med självkörande fordon, samt TSFS 2017:92, Transportstyrelsens föreskrifter och allmänna råd om tillstånd att bedriva försök med självkörande fordon.

den mänskliga föraren och signalerar när förarens beteende tyder på ouppmärksamhet. Någon officiell orsak till dödsolyckan har inte angetts, men det faktum att man infört system för förarövervakning tyder på att man kommit fram till att orsaken var oaktsamhet hos den mänskliga föraren. Människan övervakar AI och AI övervakar människan.

Ett annat exempel på AI-regler som finns idag gäller drönartrafiken, som regleras dels i svensk rätt, dels i EU-rätt[40]. Enligt de svenska reglerna, som gäller alla drönare som flyger med en vikt på maximalt 150 kilo, ska det alltid finnas minst en person som ansvarar för flygningen. Drönare med en vikt på över sju kilo ska vara utrustade med ett inbyggt felsäkerhetssystem som kan avbryta flygningen om det behövs. Större drönare som kan flyga automatiskt enligt en programmerad rutt måste ha en funktion som gör det möjligt att manuellt ta över styrningen, för att säkerställa att det alltid går att göra en undanmanöver om det behövs. Om drönaren ska flyga med last, som i den försöksleverans Amazon genomfört i Storbritannien, eller ta passagerare, vilket på försök har gjorts i USA och Kina, krävs tillstånd. Teoretiskt sett finns det alltså inget som hindrar att ett företag söker och får tillstånd för att köra drönartaxi i Sverige idag, så länge företaget kan visa att alla risker är omhändertagna och att de kan följa de regler som finns.

Regelverket kring drönare bygger på att det finns minst en person som är ansvarig. Den som t.ex. flyger en drönare över en flygplats kan dömas till böter eller fängelse i upp till sex månader. Det är ännu för tidigt att säga om dessa regler kommer att ha någon påverkan på det ökade antalet incidenter med t.ex. drönare vid flygplatser som finns i den officiella statistiken. Det saknas analyser som visar vad dessa incidenter beror på. Det är ett rimligt antagande att den mänskliga faktorn är en orsak i många fler fall än bristfällig eller felaktig programvara. Det är

40 TSFS 2017:110, Transportstyrelsens föreskrifter om obemannade luftfartyg, samt för drönare som flyger med en vikt på mer än 150 kilo Europaparlamentet och Rådets förordning nr 216/2008.

helt enkelt mycket oftare drönarföraren som gör fel, med flit eller genom slarv, än det är själva drönaren som orsakar incidenten.

Rättssystemet fungerar även utan heltäckande lagar

På flera områden finns alltså rättslig reglering av AI idag i Sverige. Eftersom utvecklingen går allt snabbare behöver lagstiftningsprocessen bli effektivare. Samtidigt ska lagstiftningsprocessen fortsätta bygga på en bred demokratisk förankring. Vi som bor i Sverige ska ha möjlighet att påverka vilka lagar som tas fram och hur de utformas. Det behövs nya regler på fler områden, och kanske mer genomgripande förändringar i lagstiftningen. Men det kommer inte att behövas en heltäckande lagstiftning för varje AI-relaterad fråga. Rättssystemet fungerar även utan heltäckande lagar.

Eftersom det varken är möjligt eller lämpligt att ha en regel för varje tänkbar situation som kan uppstå i tillvaron, måste man tolka hur de befintliga reglerna passar in på just den enskilda situation som ska bedömas. Advokater och åklagare försöker tolka hur gällande rätt ska tillämpas på den situation man har framför sig, och domstolarna slår fast vilken tolkning som gäller. Om det gick att ha en specifik regel för varje typ av situation, skulle juridik vara mycket enklare. Då skulle man alltid kunna slå upp svaret på varje juridisk fråga direkt. Varken jurister eller domstolar skulle behövas, bara en databas med en väl utvecklad sökfunktion.

Många bilar som säljs på marknaden idag har olika system för det som kallas förarstöd, utan att fullt ut klassas som självkörande bilar. Dessa bilar och deras förare ska följa samma regler som alla andra i trafiken. Gällande rätt tillämpas på bilar som själva kan följa sin fil och svänga när filen svänger, som själva håller lagom avstånd till nästa fordon framåt, till och med bilar med system för farthållning utan att föraren behöver ha händerna på ratten. Men sådana system innehåller också övervakning av förarens uppmärksamhet eller krav på förarens beteende. Trots att bilen har system som fattar egna beslut är det i lagens ögon föraren som har ansvaret för att bilen körs på ett trafiksäkert sätt och hålls i godkänt skick. Samtidigt har tillverkaren ansvaret för utformningen av de system som finns i bilen.

Om en domstol i nuläget ska fastställa vem som ska bära ansvaret för att ha orsakat en trafikolycka, har man att välja på de inblandade trafikanterna och/eller biltillverkarna. Det är mycket möjligt att vi kommer att få rättsfall där både förare och biltillverkare hävdar att bilens system ensamt orsakat en olycka. I nuläget är det osannolikt att domstolen skulle fria dem båda. I de flesta fall skulle domen slå fast att föraren kunde ha agerat för att förhindra olyckan. I något enstaka fall skulle man slå fast att biltillverkaren borde ha utformat systemet bättre.

Systemen för förarstöd blir allt mer avancerade och är ibland svåra att överblicka för dagens förare. Det kan medföra att vi framöver får fler domar där biltillverkaren blir ansvarig för olyckor och skador. Men det kan också leda till att andra krav ställs på den som ska ta körkort, och att bilbesiktningen riktas in mer på felsökning av bilens program och system.

Är AI-sjuksköterskan en sjuksköterska?

Doktor24 är en svensk hälso- och sjukvårdstjänst på webben som säger sig ha »Sveriges första AI-sjuksköterska«.[41] Patienter som söker vård kan välja att bli »triagerade«, alltså sorterade, till rätt vårdnivå genom att tala om vad de vill ha hjälp med. Systemet identifierar nyckelord och ställer kompletterande frågor för att kunna ge patienten råd om var han eller hon kan få vård. Patienten kan också få råd om vad hon eller han kan göra själv för att lindra enklare besvär. Tjänsten bygger delvis på samma protokoll som mänskliga sjuksköterskor använder när de hjälper patienter som ringer in via telefonnumret 1177. »AI-sjuksköterskan« kan triagera cirka 1 000 olika sjukdomar och besvär. En fördel gentemot mänsklig triagering är att många patienter kan använda tjänsten samtidigt. På det viset får de snabbare rätt hjälp.

41 https://www.dagensmedicin.se/artiklar/2018/05/03/ai-triagering-utan-ansvar/

Doktor24 anser att tjänsten är att anse som information till patienten. Det är patienten själv som genom att gå vidare i chatten tar besluten att navigera igenom informationen, enligt Doktor24. Tjänsten skulle alltså lyda under samma regler som en ren informationstext på en webbsida. Det finns dock en risk för att patienterna uppfattar tjänsten som något mer än allmän information. Den som inte är van vid att möta olika digitala assistenter på nätet, i telefonen eller via en högtalare i hemmet kan uppfatta chatten med AI-sjuksköterskan som personlig rådgivning, som om patienten hade haft ett kort rådgivande samtal med en sjuksköterska (även om Doktor24 aldrig hävdat att tjänsten kan likställas med en mänsklig sjuksköterska).

Sjuksköterskor är enligt lagen själva ansvariga för hur de fullgör sina arbetsgifter. De ska utföra sitt arbete i överensstämmelse med vetenskap och beprövad erfarenhet. Varje patient ska ges sakkunnig och omsorgsfull vård.[42] En sjuksköterska som ger felaktiga råd till en patient riskerar att få sin yrkeslegitimation återkallad. AI-sjuksköterskan har inte någon legitimation som kan återkallas. Det finns ingen person som kan göras ansvarig. Men Doktor24 ansvarar som vårdgivare för att leda och kontrollera verksamheten så att alla patienter får god vård.[43] Det blir alltså företaget Doktor24, som drivs av Aleriskoncernens digitaliseringshub Aleris X, som får stå till svars för de eventuella misstag som AI-sjuksköterskan gör. Det gäller oavsett om systemet ska anses som ren information eller rådgivning från vårdens sida.

Det är intressant att AI-sjuksköterskan är ett direkt gränssnitt mot patienten, och att systemet utför sin uppgift självständigt. Chatten med AI-sjuksköterskan slutar ofta med rådet att söka upp någon typ av vård där patienten får kontakt med mänsklig vårdpersonal. Men det finns ingen mänsklig tillsyn i realtid av chatten mellan patient och AI-sjuksköterskan. Det vanliga för AI i vården är att det är vårdpersonalen som är användarna.

42 SFS 2010:659, Patientsäkerhetslagen, 6 kap 1–2 §§

43 Patientsäkerhetslagen, 3 kap. 1 §, samt SFS 2017:30, Hälso- och sjukvårdslagen, 5 kap. 1 §.

Det finns system för beslutsstöd i vården som kan användas av vårdpersonal, men de fungerar just som ett stöd för personalen, som i juridisk mening är de som ansvarar för vården. Det har visat sig att självlärande system är minst lika bra som vårdpersonal på att t.ex. diagnosticera cancer utifrån MRI-bilder, men det största värdet får man om man kombinerar bedömningar från AI och erfarna läkare.

Om en patient t.ex. får en felaktig medicindos på grund av ett system eller ett program, kommer ansvaret att läggas på någon i vårdpersonalen som hanterade programmet fel, eller de som tillverkat och installerat programmet, eller en kombination av dessa. Om en patient får felaktiga eller tveksamma råd i chatten med Doktor 24:s AI-sjuksköterska, är chansen stor att detta upptäcks och rättas till när patienten söker vidare i vården och träffar mänsklig vårdpersonal. De råd som ges i chatten är allmänt hållna och patienten uppmanas ofta att för säkerhets skull kontakta vården, även när huvudrekommendationen är att patienten kan behandla sina besvär själv. Frågan är om detta är tillräckligt för att garantera patientsäkerheten i lagens mening. Svaret på den frågan kanske inte kan slutligt fastställas förrän AI-sjuksköterskan som företeelse bedöms av en tillsynsmyndighet, patientnämnder eller av domstolar.

Juridik är svaret – ibland

En del av de frågor som uppstår när AI kommer in i vårt samhälle kan besvaras av juridiken. De har ett möjligt svar redan nu, i det befintliga rättssystemet, eller så får de ett svar genom att regler förändras och nya tillkommer. Trots lagar och förbud kommer människor att missbruka AI och använda tekniken på fel sätt. Olyckor kommer att inträffa, även om riskerna ofta kan minskas till nivåer långt under den nivå vi redan accepterar för t.ex. vanlig fordonstrafik eller patientskador inom vården.

Det råder oenighet både om hur snabbt AI-utvecklingen kommer att gå framöver och åt vilket håll utvecklingen går. Frustrationen över hur långsamt de självkörande bussarna går och hur lite de digitala assistenterna förstår kan ge oss intrycket att utvecklingen inte har kommit så långt hittills. Det är en väldigt snäv artificiell intelligens vi ser i samhället just nu. Men det i sig är inte avgörande för iutvecklingens fortsatta tempo, hur långt AI-utvecklingen kan gå, eller åt vilket håll.

Den fortsatta utvecklingen sker med hjälp av nuvarande AI-system, vilket ökar sannolikheten för att den kommer att ske i ett snabbare tempo än hittills. MIT-forskaren Max Tegmark talar till och med om en »intelligensexplosion« och menar att vår kollektiva förmåga att styra teknologin klokt måste utvecklas i högre takt än själva AI-teknologin utvecklas.[44] Lagstiftning kan användas som en kollektiv försiktighetsåtgärd vi vidtar för att så långt som möjligt minimera riskerna med AI på förhand.

Men vi kommer inte att kunna eliminera riskerna helt. Misstag och olyckor kommer fortfarande att ske och vi måste fortsätta oss att lära oss av dem, även om vi helst vill undvika dem. Gällande lagar om t.ex. ansvar vid olyckor och konsumentskydd har kommit till som ett sätt att säkra upp att vi lär oss av våra misstag och undviker att upprepa dem.

Ibland kommer utvecklingen att ske med hjälp av juridik. Ibland trots juridiken och ibland helt utan juridiken. Men det finns en levande diskussion i samhället som alla har möjlighet att delta i, vilket är en förutsättning för demokratiska lagar. Rättssystemet är i det rådande läget inte lamslaget, och juridiken kring AI utvecklas, bland annat genom debatten om att det måste gå snabbare, långsammare eller i en annan riktning än den man kan se nu. Så länge som det finns tillräckligt många i samhället som fortsätter jobba för att öka möjligheterna och samtidigt minska riskerna med AI, kommer utvecklingen att gå åt rätt håll. Det verkar som att det bästa är att fortsätta kombinera snack och verkstad, och följa rådet som den brittiska regeringen valde att ge folket inför hotet om bombningar och invasion 1939: »Keep Calm and Carry On«.

44 https://www.youtube.com/watch?v=2LRwvU6gEbA

6. *Politisera, sociologisera, historisera AI!*

Anne Kaun, Fredrik Stiernstedt & Peter Jakobsson

Anne Kaun är docent i medie- och kommunikationsvetenskap vid Södertörns högskola och forskar om medieteknologiernas roll i vardagen och för politisk mobilisering.

Fredrik Stiernstedt är docent i medie- och kommunikationsvetenskap vid Södertörns högskola och forskar om medier och arbete.

Peter Jakobsson forskare i medie- och kommunikationsvetenskap vid Södertörns högskola och lärare på Beckmans Designhögskola

Idag är några av de största globala medieföretagen ledande när det gäller den kommersiella utvecklingen av tjänster som inkorporerar olika former av artificiell intelligens. Till följd av detta har våra kommunikationssystem och våra sätt att kommunicera med varandra blivit alltmer automatiserade. Vi kommunicerar inte längre enbart med andra människor utan läser texter skrivna av robotar och använder oss av självlärande informationssystem. Mediesektorn står inför samma utmaningar som många andra samhällssektorer när det gäller arbetsuppgifter som automatiseras och arbetstillfällen som försvinner och sådana som tillkommer. Hur ska vi se på den här utvecklingen? Vad i detta bör vi omfamna och vad bör vi försöka undvika? Hur styr vi utvecklingen åt det håll vi vill? Kan vi överhuvudtaget föreställa oss mer än en utveckling, eller är framtiden redan given? Detta menar vi är frågor som ställs alltför sällan och som borde ställas oftare. Diskussionen om AI behöver därför *politiseras* – vi behöver fråga oss vilka föreställningar om det goda livet som tekniken bär på. Vidare behöver AI *sociologiseras* – vi behöver undersöka vilka krafter som för tillfället formar teknikutvecklingen åt ett visst håll och undersöka dess sociala drivkrafter och effekter. Slutligen behöver diskussionen om AI också *historiseras* – för att vi ska kunna förstå hur politik och samhälle kan forma teknikutvecklingen och för att få perspektiv som hjälper oss att se alternativa framtider. Nedan använder vi dessa tre rubriker för att ge en kort skiss över vad vi ser som det viktiga bidrag som medievetenskapen och övriga samhälls- och humanvetenskaper kan göra till diskussionen om AI.

Politisera!

Teknikutvecklingen är för viktig för att lämnas åt enbart ingenjörer och teknologer. Det har även hårdnackade humanister kommit att förstå. Tekniken är nämligen inte ett neutralt verktyg – trots att det påstås så ibland – utan har konsekvenser för både kulturen och samhället. Med påståendet att forskningen bör politisera teknikutvecklingen menar vi att forskningen behöver analysera och belysa dessa konsekvenser. Vi måste ställa frågan om vem som gynnas av teknikutvecklingen och om vilka visioner om det goda livet som tekniken bär på. Ett ofta återgivet exempel som illustrerar hur förment tekniska lösningar inte är neutrala och hur de kan exkludera eller vara dåligt anpassade för vissa samhällsgrupper är Langdon Winners (1980) beskrivning av transportsystemet mellan New York och Long Island.[45] På grund av att broarna till Long Island hade byggts så låga kunde kollektivtrafikens bussar inte köra över dem. I praktiken kunde därför inte de fattiga, som inte hade tillgång till egna bilar, ta sig ut till stränderna på Long Island. New Yorks stadsplanering verkade på så vis både ras- och klassdiskriminerande. Artificiell intelligens handlar inte nödvändigtvis om byggda miljöer, men väl om informationsstrukturer. Flera forskare har observerat hur automatiska informationsbehandlingssystem, trots att de ger sken av att vara neutrala och bygga på objektiva data, har både materiella och psykologiska effekter som verkar diskriminerande. Såväl algoritmerna som de data som algoritmerna använder sig av eller tränas på är inte mer neutrala än vad en byråkrat i en dylik position kan tänkas vara. Mer data brukar

45 Winner, Langdon. (1980). »Do Artifacts have Politics?« Daedalus, 109(1): 121-136.

annars förordas som lösning på många samtida problem, men all data har samlats in i ett särskilt syfte och med specifika metoder som påverkar urvalet och datans sammansättning. På samma sätt som vi tar det för givet att organisationer och människor behöver kunskap för att kunna få syn på diskriminerande uttryck och strukturer behövs det kunskap för att kunna se och förstå hur tekniska lösningar kan verka diskriminerande.

Att politisera utvecklingen av artificiell intelligens handlar dock inte bara om att ifrågasätta hur sådan teknologi används utan om att diskutera i vilka sammanhang den ska användas överhuvudtaget. Emellanåt verkar det i den offentliga debatten som om framtidens skeenden vore oundvikliga och den artificiella intelligensens effekter och konsekvenser på det mänskliga samhället bestämda av redan igångsatta, irreversibla teknologiska processer. Detta var till exempel utgångspunkten och budskapet i Kevin Kellys bästsäljare *The Inevitable* från år 2016.[46] Men vissa verksamheter och vissa sammanhang kanske inte passar för att tas över av automatiserade beslut och beräkningar. Det finns forskning som visar att människan krymper i relation till sådana system – hon anpassar sitt beteende, blir mer försiktig, utnyttjar inte sin potential. Vissa rutinartade arbetsuppgifter är det naturligtvis utmärkt att en maskin kan ta över. Men finns det inte arbete som vi respekterar och värdesätter just för att det är en annan *människa* som utfört det?

Att politisera frågan om artificiell intelligens och om teknikutveckling mer brett handlar alltså om att anlägga ett normativt perspektiv och att ställa sig frågan: vad är det som bör göras, vilka mål bör vi sträva mot, vad är ett gott samhälle och vilken roll spelar teknisk utveckling för att förverkliga det? Forskningen kan inte ge några entydiga svar på sådana frågor, men klart belysa de handlingsalternativ och vägval som står till buds. Att kunna se de bredare mönstren som tekniken skapar och som den bygger vidare på kräver dock tillgång till adekvat kunskap

46 Kelly, Kevin. (2016). *The inevitable: understanding the 12 technological forces that will shape our future.* New York: Viking.

om historia, samhälle och kultur. Det är inte minst därför det behövs samhällsvetare och humanister som t.ex. medievetare som historiserar och sociologiserar teknikutvecklingen mer allmänt och AI mer specifikt.

Sociologisera!

Med påståendet att teknikutvecklingen behöver sociologiseras hävdar vi att vi behöver förstå de heterogena och skiftande krafterna som driver teknikutvecklingen framåt – inte minst för att förstå varför konsekvenserna av teknikutvecklingen ofta följer ett återkommande och förutsägbart mönster.

De som menar att teknikutvecklingen är oundviklig brukar också hävda att riktningen på utvecklingen är förutbestämd och att den är oberoende av kultur och samhälle. Som teknikhistorikern Nina Wormbs påpekade i en artikel år 2010 är detta en bekväm position för dem som gynnas av utvecklingen.[47] Men det räcker att jämföra hur samma teknik utvecklats och används i olika länder för att förstå att relationerna mellan teknologi, samhälle och kultur är betydligt mer komplexa och mångfacetterade än så. Hur teknologier kommer att regleras politiskt kommer t.ex. att påverka dess effekter. Självkörande fordon, som är ett exempel där AI kommit långt, kan t.ex. tillåtas eller förbjudas av politiker och det kan ske mot olika bakgrunder (att värna om arbetstillfällen, frågor om säkerhet för allmänheten o.d.) De stora datamängder som krävs för »djupt lärande« kan tillgängliggöras eller undandras genom politiska och ekonomiska beslut, vilka i sin tur påverkar teknikens utveckling och dess effekter på samhälle och kultur. Själva det faktum att AI för självkörande bilar utvecklats inom transportsektorn och att annan artificiell intelligens används för reklam och påverkan är att det finns ekonomiska incitament för denna utveckling och att människor därför allokerar resurser för att utveckla tekno-

47 Wormbs, Nina, (2016) »Det digitala imperativet«, i Jonas Andersson & Pelle Snickars (red.), Efter The Pirate Bay, Stockholm: Kungliga Biblioteket,140-150.

logier på just dessa områden. Säkerhetspolitiska och militära överväganden har historiskt sett ofta spelat en central roll för den form och funktion som teknologier kommit att ta, något som gäller för alla medieteknologier från telegrafen till internet. För att förstå det sätt varpå artificiell intelligens påverkar vår värld krävs djupare kunskap om sådana komplexa samband.

Det är naturligtvis ett banalt påpekande att det är människor som skapar teknik och att de gör det under vissa givna betingelser, men det är ett faktum som kan ha stora konsekvenser för den riktning som teknisk utveckling tar eftersom det innebär att teknologier kommer att vara präglade av sociala, politiska och kulturella föreställningar redan när de frambringas. Kulturella föreställningar och politiska ideologier och åskådningar kan spela in – medvetet eller ej – i de tekniska designval som görs i processer av teknisk utveckling, som var fallet med den »kaliforniska ideologi« som formade framväxten av internet och länge präglade dess funktionssätt. Langdon Winner, som nämndes ovan, menade att det var stadsutvecklaren Robert Moses rasistiska och klassdiskriminerande fördomar som låg bakom beslutet att omöjliggöra att kollektivtrafiken tog sig ut till Long Island. Tekniken kommer kort sagt att vara skapad utifrån föreställningar om världen och människan som formats av sociala och kulturella mönster. I relation till AI hävdas det ibland att den fundamentala skillnaden är att denna teknologi kan utveckla ett eget liv som just artificiell intelligens och genom s.k. djupt lärande och att denna teknik därmed inte kommer att begränsas eller definieras utifrån de sociala, kulturella och ideologiska kontexter i vilka den frambringats. Huruvida det verkligen stämmer och vilka sociala konsekvenser *det* i sådana fall kommer att få, är empiriska frågor som kräver sociologiska undersökningar. Vad som då behövs är studier av hur artificiell intelligens utvecklas, på vilket sätt och med vilka intentioner och av de drivkrafter som finns i sådana processer. Det behövs också empiriska undersökningar av hur AI faktiskt används, kommer till nytta och uppfattas och hur den i samspel med människor i konkreta, verkliga situationer har effekter på vår värld.

Historisera!

Vid sidan om påståenden att en viss teknikutveckling är oundviklig är påståendet om dess revolutionära kraft ett av de vanligaste påståenden i debatterna om AI. Budskapet är att vi står inför ett radikalt skifte. Världen förändras i sina grundvalar och ingenting kommer att vara sig likt igen. Till följd av detta förvandlas historien till en värdelös vägvisare. AI är futurologens område, inte historikens. Men trots det, är detta ett mönster som alla med någon form av historisk medvetenhet känner igen. Liknande diskussioner har förts i relation till många tidigare teknikskiften. Med uppmaningen att historisera menar vi således att det finns mycket att lära om möjliga framtidsscenarion och om möjligheter till handling och påverkan om vi ser bakåt såväl som framåt.

Många mediehistoriker har pekat på likheterna och de återkommande mönstren i hur mediesystem och medieteknologier har utvecklats under de senaste århundradena. Paralleller har dragits mellan internet och telegrafen, mellan internet och radion, eller mellan internet och tryckpressen. Mediehistorikerna har identifierat olika faser i en teknologis utveckling som verkar följa ett visst mönster, om inte i detaljerna så åtminstone när det gäller de breda mönstren. I den nuvarande fasen av utvecklingen av artificiell intelligens, det vill säga relativt tidigt i en teknologis utveckling, pågår det alltid en slags diskursiv strid om vad tekniken är till för, vad dess konsekvenser kommer att bli, om teknikens innersta natur om man så vill. Striden handlar kort sagt om det som i andra sammanhang brukar kallas för tolkningsföreträdet.

Att vinna tolkningsföreträdet är på inga sätt en akademisk fråga. En annan sak som blir uppenbar vid studerandet av mediehistorien är nämligen att den första fasen i en ny tekniks utveckling har stora konsekvenser för en teknologis fortsatta utveckling och sociala liv. Tekniska lösningar så väl som föreställningar om tekniken etableras och blir sedan svåra att förändra. Att de tekniska lösningarna blir seglivade brukar ofta förklaras med begreppet stigberoende, vilket innebär att i och med att nya beslut fattas angående utformningen av en produkt ökar snabbt kostnaderna för att gå tillbaka till de tidigare valen och att tänka om dessa. De ökande kostnaderna härrör dels från utvecklingen av teknologin i sig, dels från dess sammankoppling med omkringliggande system. Efter ett tag blir dessutom tidiga designval »osynliga« i och med att de tas allt mer för givet. De blir en del av ett samhälles infrastruktur snarare än att vara en del av den snabbt föränderliga frontlinjen i teknikutvecklingen och därmed tappar både användare och utvecklare intresset för att »tänka om« kring hur dessa teknologier skulle kunna fungera. Detta resonemang kan dessutom appliceras på hur vi talar om och förstår ny teknik. Ganska snabbt etableras en viss vokabulär som används för att diskutera det nya fenomenet. Metaforiska nätverk etableras snabbt kring en ny teknik och dessa nätverk gör att vissa nya ord och sätt att beskriva tekniken enkelt kan inkorporeras i det existerande nätverket, samtidigt som andra förståelser inte passar in eller kan hakas på den etablerade vokabulären.

Utifrån resonemangen ovan kan vi dra slutsatsen att de tidiga åren i en tekniks utvecklingsfas är viktiga för vad som komma skall och det är således nu, snarare än senare, som vi bör ha diskussionen om artificiell intelligens, och vi bör försöka hålla diskussionen bred och öppen, så att alla olika sorters perspektiv och förslag kommer upp på bordet, innan vi gör val vars konsekvenser vi i dagsläget omöjligen kan överblicka. Vi bör också – mot ovanstående resonemang – historisera AI i sig: vilket stigberoende har lett fram till den teknikutveckling vi har idag och vilka historiska skeenden, processer och vägval kan urskiljas i den artificiella intelligensens historia. Att historisera kan således innebära att utforska vilka alternativa framtider som kunde ha blivit – och som kanske fortfarande är möjliga. Utvecklingen av och diskursen kring artificiell intelligens domineras i dagsläget av privata företag och om teknologin ska komma fler till del behövs således offentliga satsningar i den riktningen. Tekniken bär inte sin utvecklingshistoria inom sig utan den styrs av samhälleliga, ekonomiska och politiska krafter. För att bättre förstå utvecklingen av artificiell intelligens idag måste vi således också anlägga sociologiska och politiska perspektiv på teknologin.

Avslutning

Teknik skapas alltid i en politisk och ekonomisk kontext som påverkar dess utformning samtidigt som tekniken påverkar sociala praktiker och därmed potentiellt förändrar politiska och ekonomiska strukturer. Det kanske inte förvånar att tekniska lösningar speglar tendenser som finns i samhället. De är trots allt skapade av människor. Det hela blir problematiskt när teknologier som AI presenteras som neutrala, naturliga och oundvikliga. Och detta särskilt när det som tidigare varit förbehållet människan – förmågor som att reflektera, revidera och omarbeta – kan ersättas av maskiner som lär sig själva. När teknologin framställs som överlägsen människorna och där teknologin så att säga inte längre behöver människan uppstå nya grundläggande frågor.

Medievetenskapliga perspektiv bidrar till en nödvändig politisering, sociologisering och historisering av AI. Vi tror att de här perspektiven utvecklar förställningar och konkreta krav på AI som gynnar samhället och medborgarna. Som medievetare ser vi många potentiella vinster och fördelar med AI-teknologin och förhoppningsvis kan dessa komma till nytta för stora delar av samhället, men teknikutveckling tar inte naturligt den väg som är bäst för alla eller den som leder till det goda samhället. Tvärtom. Det behövs aktivt deltagande av samhället och medborgarna för att säkerställa att teknologisk innovation inte bara gynnar de redan mäktiga, eller enbart de starka ekonomiska och politiska intressena och bidrar till att skapa en sämre värld för det stora flertalet (t.ex. förstärker rådande hierarkier, ekonomiska och sociala klyftor mellan människor). Vi menar att samhälls- och humanvetenskaplig forskning behövs, dels för att vi ska kunna föreställa oss alternativen och dels för att hitta vägarna dit.

I dagsläget tycks både hyllande och kritiska diskurser kring AI utmåla tekniken som att den utvecklas av en egen inneboende agens. Här kan medievetenskapen med sin kombination av empiriskt grundad mediesociologi och förståelse av den verkliga påverkan som berättelser och fantasier kan ha på utvecklingen, dels tillföra en nykter syn på det inflytande som producenter och användare av AI har över tekniken och dess användning och dels skapa förutsättningar för en slags »förhandling om framtidsvisioner«, vilka aldrig kan förutsätta att framtiden är oundviklig utan alltjämt öppen och ofärdig.

7. *Digitala och fysiska rum*

Helena Nyholm.
Helena Nyholm är Arkitekt SAR/MSA, delägare och VD på Sesam Arkitektkontor i Kristianstad.

»I varje bostad ska det finnas brandskydd, för din och dina grannars säkerhet.«[48] Sedan 1999 är det i Sverige ett allmänt råd att brandvarnare bör finnas i alla bostäder. En teknik som räddar liv och skapar trygghet i våra inre rum. Som arkitekter pratar vi ofta om rum. Inte bara rum som golv, väggar och tak, utan rum som är fysiska och omger oss människor. En skogsglänta i skogen, en vidöppen plats med himlen som tak och havet som oändligheten framför oss, en trång stadsgata eller ett hemvant mörker precis innan sömnen kommer. Som arkitekter och framtidsplanerare har vi möjlighet att skapa rum som människor rör sig i och upplever. Med den kunskap vi har och den verktygslåda med byggstenar vi använder oss av, kan vi skapa rum som framkallar de flesta av de mänskliga känslorna som rädsla, glädje, trygghet, otrygghet. Under lång tid har det i verktygslådan inte bara funnits tegel, bruk och plank, utan också smart teknik som vi kan fylla våra rum med. Teknik som vi kan använda för att ge jämnare värme, upplysta gator och tryggare hem. Och 1999 var den trygga tekniken så viktig för oss, att det stiftades en lag där det allmänna rådet var att installera den i varje människas hem.

Människors förhållningssätt till teknik har under kort tid förändrats och vi har blivit mer och mer beroende av den i takt med att den hjälper oss i vår vardag. Så vad händer med oss människor och vårt ökade behov av den hjälpande tekniken? Kommer vi i framtiden att klara oss utan den? Kommer vi kunna skapa rum utan teknik eller kommer vi känna oss nakna då, osäkra och

48 Boverket. https://www.boverket.se/sv/byggande/sakerhet/brand skydd/brandvarnare /(Hämtad 2018-08-29)

bortkopplade? Mina funderingar handlar om det framtida rummet. Rummet som vår fysiska varelse befinner sig i. Jag väljer att ta ett litet steg in i framtiden. Jag kommer inte att befinna mig i en eventuell framtid där vi har elva dimensioner, teleportering som kollektivtrafik och kroppar som inte är uppbyggda av kol. Jag kommer att befinna mig i rummet som det ser ut idag. Ett rum vi, de flesta människor i Sverige känner igen, men som är uppgraderat med osynlig digital teknik, ett digitalt lager. Rummet som är relativt statiskt och har en mycket långsammare utveckling än den digitala teknikens höghastighetspuls. Kommer framtidens fysiska rum, våra hem, arbetsplatser och stadsrum, nödvändigtvis innehålla ett osynligt nätverk av digital teknik för att vi ska känna oss trygga, eller kan vi uppleva rum i framtiden, som inte innehåller digital teknik? Skapar vi ett behov idag, som blir livsviktigt för oss i framtiden?

Abraham Maslows behovshierarki, en förklaringsmodell för hur människan prioriterar sina behov, är en grund för att förstå varför slutna rum finns. Enligt Maslow kan de mänskliga behoven delas upp i fem stadier som är beroende av varandra, där ett högre stadium inte kan uppnås, om inte behoven från tidigare stadier först har tillfredsställts. Jag kommer framför allt att fokusera på de två första stadierna då jag anser att dessa är grundbulten till att jag som arkitekt överhuvudtaget har något att sysselsätta mig med på dagarna.

Det första stadiet, fysiologiska behov som hunger, törst, sömn och sex. Som människor överlever vi inte, om vi inte ger vår biologiska kropp den energi den behöver, möjligheten att fortplanta sig och vila för att orka. Sömnen, möjligheten att återhämta sig, kräver en plats att vara på. En trygg plats, där vi kan vara fredade för yttre störning. För nomaderna skapades platsen genom att de stannade upp i sin vandring och definierade den med vad de kunde bära med sig. När människans sätt att leva och bo ändrades från ett kringflackande liv som jägare/samlare till bofast jordbrukare manifesterades den egna fysiska platsen i världen som en mer permanent lösning. Boplatsen förändrade hela sättet att vara människor, hela vår historia, hur vi förhåller oss till varandra, till platsen som är vår och skillnaden mellan det som inte är här utan där, de som inte är vi utan dem. Det har gett oss möjligheter, att på en trygg plats få utveckla oss, finna kunskap, analysera, reflektera och förbättra det vi anser att människan har behov av. Maslows andra stadium, trygghetsstadiet, har länge tillfredsställts med hjälp av väggar, tak, och en dörr att stänga mot det okända. Slutna rum som skapar trygghet för sömn och vila.

Men räcker en stängd dörr för att vi ska känna trygghet idag? Räcker det för att vi människor ska kunna sova djupt? Vårt behov har ökat från en stängd dörr, till lås och larm, inbrottslarm och brandlarm. Utvecklingen fortsätter för att tillfredsställa våra behov så vi ska kunna känna en skön känsla av trygghet. I juni 2017 skriver Greger Bengtsson och Kjell Thuné från Sveriges Kommuner och Landsting (SKL) en debattartikel[49] i Dagens Samhälle som uppmanar kommuner att anta SKL:s rekommendationer om »välfärdsteknik« i de kommunala särskilda boendena. I begreppet välfärdstekniken ingår bärbara trygghetslarm, sensorer och trygghetskameror. Digital teknik, som kan ge möjlighet för den äldre att sova gott, övervakad om något skulle hända. Övervakning är ett steg på vägen för att ge oss en ökad trygghet i våra slutna rum. Självklart på bekostnad av vår integritet. Så för att sova gott om natten, behöver vi öppna dörren mot världen. Men det är en avvägning mellan just tryggheten och integriteten i det egna hemmet som gemene man får ta. Hur är det när vi flyttar ut i stadsrummet, vem tar då beslut om vad som krävs för det trygga rummet? Vem ska då bestämma om det krävs övervakning för att skapa trygga stadsrum? Och vem bestämmer om övervakningens information ska analyseras bearbetas och användas?

En lärobok, som har använts i undervisningen de senaste

49 Greger Bengtsson och Kjell Thuné. Dax att digitalisera äldreboenden. 2017-06-21. https://skl.se/tjanster/press/debattartiklar/debattartiklar/dagsattdigitaliseraaldreboenden.12744.html (Hämtad 2018-08-29)

fyrtio åren på de nordiska arkitektskolorna, är Jan Gehls *Livet mellem husene*[50]. Arkitekt Jan Gehl har ägnat sitt liv åt studier av människans interaktion med stadsrummet. Ett av hans påståenden om stadsrummet och arkitektens påverkan på detta, är essensen av vår sysselsättning: »First we can form the cities but then the cities form us.«[51]. Därför är det vi framtidsplanerare som kan styra hur människor ska uppleva, känna och i förlängningen agera, inte nu men imorgon. »Every time we build something, we manipulate the conditions of people's lives.«[52]

Grundparametrar för trygga mänskliga stadsrum har Jan Gehl i sina böcker beskrivit efter årslånga studier av människors rörelser i staden. Studierna visar, att närhet mellan husen, soliga och skuggiga platser, bilfria gator, bänkar, en vägg att sitta mot och detaljer och rörelse att se på, är viktiga för att människor ska fylla en plats. Genom välplanerade stadsrum som uppfyller dessa människans behov skapar vi förutsättningar för trygga och mänskliga platser och gator. Men räcker det idag? Vågar vi lita på att människorna runt omkring oss som fyller det skapade rummet med liv, ger oss trygghet nog?

Redan idag ligger det ett digitalt osynligt nätverk över den fysiska stadsmiljön, människornas rum, skogen, landet, havet och över jorden. Ett nätverk som vi kan koppla upp oss på, som hjälper oss att hitta rätt utan att gå vilse. Ett nätverk som ger oss trygghet och en koppling till resten av världen, om vi har behov att göra oss hörda. Ett nätverk som samlar information om var vi är, hur vi rör oss och vad vi gör. Redan idag använder vi oss av algoritmer för att hitta rätt. De hjälper oss att på effektivaste sätt finna fram dit vi vill. Genom bevakning av våra intressen på sociala medier, fysiska platser vi ofta återkommer till eller

50 Gehl, Jan. *Livet mellem husene*. Upplaga 5. Köpenhamn, 2003.

51 Intervju med Jan Gehl av Marc-Christoph Wagner. Louisiana Chanel. How to Build a Good City. Mars 2017. http://channel.louisiana.dk/video/jan-gehl-how-build-good-city (hämtad 2018-08-29)

52 Ibid

hemsidor vi besöker, utforskar algoritmer våra digitala avtryck och föreslår oss svar för att tillfredsställda våra behov. Vi kan få hjälp av vår personliga digitala sekreterare, som leder oss från punkt A till punkt B utan risk att komma på villovägar. Vi får påminnelser om att bege oss från en plats till en annan för att inte komma försent till mötet som ligger i vår kalender. Med hjälp av det digitala informationsflödet kan vi redan innan vi reser till en ny stad eller plats göra resan hemifrån utan att vi fysiskt behöver resa. Vi vet vilken restaurang som fått högst betyg, vilket hotell som har skönast säng och vilka sevärdheter som med all säkerhet faktiskt är värda att se. Det blir ett effektivt sätt att resa, vi riskerar inte att komma på avvägar och slipper lägga timmar på dåliga mathak eller ointressanta gator.

Morgondagen kan redan anas. I en artikel från förra året i amerikanska *Techemergence*, »Smart City Artificial Intelligence Applications and Trend«,[53] tar skribenten Jon Walker upp exempel på företag som utvecklar plattformar för smartare städer. Ett nät, i form av kameror och sensorer läggs över de soliga och skuggiga platserna i staden, bänkarna och människorna med ryggen mot väggen. Teknik som samlar information, som registrerar ansikten, nummerskyltar, rörelser i stadsrummet. Inkommande data, som kopplas till algoritmer, kan både hjälpa bilförare att hitta närmsta parkeringsplats, guida föräldrar till sina bortsprungna barn, analysera farliga trafiksituationer eller bevaka kriminella som befinner sig på fel plats. En förfining av det befintliga för att vi ska känna oss ännu tryggare i staden. Tryggare än bara genom soliga platser och folkliv. Nvidia som är en av aktörerna för att nå ovan nämnda resultat, sammanfattar sin plattform Nvidia Metropolis: »Data is the lifeblood of the modern city.«[54]

53 Walker, Jon. Techemergence. Smart City Artificial Intelligence Applications and Trends. 2017-09-14. https://www.techemergence.com/smart-city-artificial-intelligence-applications-trends/ (hämtad 2018-08-29)

54 Nvidia. https://www.nvidia.co.uk/deep-learning-ai/industries/ai-cities/ (hämtad 2018-08-29)

Både i våra hem, rummen där vi ska kunna sova djupt och i våra gemensamma rum utanför hemmet, har vi öppnat upp fler dörrar än de vi fysiskt ser. Vi har gjort det för att det har hjälpt oss i vardagen, det är bekvämt och ger oss sociala varelser en blick ut över världen och en samhörighet även med det vi fysiskt inte upplever. Den värld som just nu skapas, ger oss fantastiska möjligheter till kommunikation, interaktion och information. Men den kräver också mycket av oss som människor. Vi vet inte längre var vi är fredade, var vi är ensamma utan kontakt och puls från resten av världen. Upplösningen av det slutna rummet är pågående och vi har öppnat dörren på vid gavel till vår privata informationsbank.

Jag tror att vår önskan om en säkrare tillvaro för människan, överlämnandet av information till algoritmer som säkrar upp vårt stadsrum och vårt hem, kommer att låsa oss i en situation där vi i framtiden inte kan känna oss trygga som människor, om vi inte har tillgång till tekniken. Önskan om den totala tryggheten och säkerheten, utvecklar den digitala tekniken till framtidens lagstadgade brandvarnare. Vi kommer inte att våga stänga ner och gå vilse, eller mera sannolikt, vi kommer inte kunna stänga ner. Så vad är problemet? Om tekniken fungerar och den utvecklas för att få ge människan en större chans att överleva, förstärka henne och minska risken till fel beslut. Vad är då problemet? Ja, det är ju ett av vår tids dilemman. Vår starka önskan av effektivisering, från rationaliseringen av processer inom industrin, vården och arbetsmarknaden, till rationaliseringen av sättet att analysera fakta och ta beslut. Men det ger oss också mindre utrymme för att själva reflektera och ta egna grundade beslut. För att möta framtiden och alla de möjligheter den digitala tekniken och algoritmer ger oss måste vi ta ställning till om vi vågar lita på att tekniken analyserar och tar besluten åt oss. Vill vi att tekniken leder oss? Ska den tillåtas fylla de fysiska rummen för att skydda oss, tillfredsställa våra behov och leda oss rätt? Det är därför jag som människa och arkitekt vill ge mig in i debatten om framtiden och AI, för den berör oss alla som vistas i det fysiska rummet. Det är idag vi har möjlighet att ställa oss frågan och ta besluten, om vi i framtiden kommer att ha fysiska rum utan digital teknik, vill vi ha fysiska rum utan digital teknik? Jag önskar att diskussioner och reflektionerna sker mellan människor med olika bakgrund när det gäller frågan om AI:s vara, icke vara eller vad vara, för det kommer att påverka alla.

Vill vi ställa våra dörrar till vår privata informationsbank på vid gavel? Det är ett beslut som tas för kollektivet, det gemensamma samhället, för de fysiska rummen delar vi på. Därför krävs det diskussioner, reflektioner och väl grundade beslut innan ny digital teknik är här.

Jag tror nämligen på en motreaktion på den digitala teknikens perfektionism, den säkra trafiksituationen och fria parkeringsplatsen. Efter dagens längtan att effektivisera vår tid, få hjälp att hitta till rätt plats utan otrevliga omvägar, finna bästa restaurangen, skönaste hotellsängen eller närmsta badplatsen, kommer vi i framtiden ha behov av att gå vilse. Att känna otryggheten, att tappa fotfästet och kontrollen. Att släppa den digitala tryggheten för att återfå våra slutna rum utan osynliga dörrar. Därför måste vi innan vi implementerar algoritmer i de digitala nätverken över våra fysiska rum, ta ställning till om det ska vara så, om det måste finnas teknik för att vi ska känna oss trygga.

Så kan vi uppleva rum i framtiden, som inte innehåller digital teknik? Jag tror vi måste det för att fortsätta vara människor. Vi som framtidsplanerare av byggnader, städer och områden kommer att behöva planera för teknikfria platser. Då menar jag inte bara platser, där du som människa ska kunna kontemplera och vara utan uppkoppling, ägna dig åt »mindfulness« och bara vara. Nej det ska vara områden och platser som beslutas ligga utanför det digitala osynliga nätverket, utan kameror och sensorer. Där dörren är stängd mot den digitala världen, men öppen mot den fysiska. En typ av framtidens dåtid, som ger utrymme för egna upplevelser framför andras dokumenterade versioner. Trygga områden där vi vet att de beslut som tas här är våra egna, baserade på den information vi har med oss och den ro vi har av att analysera dem. En plats som bara syns här, där den är i världen och ingen annanstans. Ett rum där vi får lita på oss själva som tänkande varelser, tro på vår egen kunskap, diskutera med fysiska människor och få ro och tid till att reflektera över problemställningar och komma fram till välgrundade humanistiska beslut. Vi kommer så länge vi är fysiska, tänkande varelser att ha behov av det fysiska rummets trygghet, den stängda dörren, den soliga platsen, väggen mot ryggen och livet runt om oss. Tekniken kommer att ge oss en trygghet men också en otrygghet, en öppen dörr som måste kunna stängas för att få plats för den egna tanken och viljan att gå vilse för att hitta rätt.

8. *Digitala personer – en ny rättsfigur?*

Cecilia Magnusson Sjöberg
Cecilia Magnusson Sjöberg är professor i Rättsinformatik vid Stockholm universitet. Hon disputerade 1992 på en avhandling om Rättsautomation. Cecilia har fortsatt att intressera sig för digitaliseringens inverkan på juridiken och vice versa både vad gäller materiell IT-rätt och Legal tech.

1. Rättsutveckling med digitala förtecken

Kan det framväxande AI-baserade samhället innebära att vi behöver en ny rättsfigur? Med rättsfigur menas här ett generellt koncept som i en viss rättsordning fungerar som bärare av olika rättsliga funktioner som kan avse såväl förpliktelser som förmåner. För att bara ge några få exempel är en s.k. tredje man en juridisk entitet som är, eller kan bli, relevant, i ett rättsförhållande utan att formellt sett vara part. Motsvarande kan sägas gälla en borgenär respektive en gäldenär. Med det förstnämnda förstås någon som är fordringsägare och med det andra någon som häftar i skuld till en annan part. Vad som i detta sammanhang är särskilt intressant är om den sedan länge etablerade systematiken med fysiska personer (»natural persons«) och juridiska personer (»legal persons«) är tillräckligt dynamisk för att möta de utmaningar som utveckling och användning av artificiell intelligens (AI) för med sig. Kort sagt, finns det ett behov att diskutera en ny juridisk entitet i ljuset av utvecklingen inom AI?

Tidsperspektivet kan med breda penseldrag sammanfattas i termer av att det i en dåtid givetvis har funnits ett historiskt skede utan en distinktion mellan fysiska och juridiska personer.

Juridiska förhållanden i nutid präglas dock av rättsregler och rättstillämpning riktad mot enskilda individer och/eller organisationer i olika konstellationer. Om framtiden är förstås alltid svårt att sia. En spekulation om fortsatt digitalisering bortom det som nu är känt framstår i och för sig knappast som alltför vågad. Förkroppsligande av avancerad teknologi i robotar är bara ett exempel på ett område som pockar på uppmärksamhet. Likaväl som vi historiskt sett har övergått från ett jordbrukssamhälle till ett industrisamhälle, och nu i stora delar av världen upplever ett informationssamhälle, växer ett AI-baserat samhälle fram. Det är givetvis inte fråga om en plötslig samhällsförändring utan något som sker successivt om än anmärkningsvärt snabbt. Särskilt framträdande i denna utveckling är förekomsten av avancerade och t.o.m. självlärande algoritmer, som kodas och kan användas i digitala miljöer som omfattar jämförelsevis mycket stora datamängder.

Mot denna bakgrund utkristalliserar sig ett antal nyckelfrågor som berörs nedan. Den första frågan gäller huruvida vi redan har en kodad rättsordning där algoritmer styr? För det andra uppmärksammas frågan om rättsskipning kan äga rum med hjälp av robotar? För det tredje ställs frågan om vi behöver introducera en analysmodell i form av en rättsfigur som kan betecknas 'digital person'?

2. Tre nyckelfrågor

(i) Har vi redan en kodad rättsordning där algoritmerna styr?
Hypotesen är att ja, så är fallet med hänvisning till att utvecklingen redan har gått så långt att det med fog går att hävda att vår rättsordning nationellt och i betydande utsträckning även internationellt är beroende av algoritmer som kodas för att kunna exekveras av datorer. Det rör sig förstås om ett mycket förenklat

resonemang eftersom verkligheten är betydligt mer komplex än att kunna fångas i ett enkelt ja eller nej. Faktum kvarstår dock att vårt samhälle är beroende av rättsautomation i bemärkelsen helt eller delvis automatiserat rättsligt beslutsfattande. Detta visar sig framför allt i den offentliga sektorn där förvaltningsbeslut genereras per automatik snarare som huvudregel än undantag. Det digitala är med andra ord det normala.

Rättsautomation är särskilt vanligt inom områden som skatteväsende, socialförsäkring och studiestöd. Speciellt intressant ur ett AI-perspektiv är utvecklingen att det inte endast är enklare slag av massförvaltning som är föremål för beslutsautomation. I allt större utsträckning övergår nämligen personifierade bedömningar avseende individers egenskaper m.m. till maskinell hantering. Givetvis förekommer automatiserade förfaranden med mer subjektiva implikationer också inom näringslivet, t.ex. i samband med bedömningar av kunders kreditvärdighet.

(ii) Fungerar rättsskipning med hjälp av robotar?

Hypotesen är också under denna rubrik att juridisk konfliktlösning inte alltid förutsätter en biologisk varelse utan tentativt mycket väl skulle kunna äga rum med hjälp av AI förkroppsligade som robotar. Det vore givetvis naivt att påstå att detta idag skulle vara något annat än en vision. En förklaring ligger i de grundläggande humanrelaterade funktioner som vi vanligen förknippar med en domstols hantering av både (civilrättsliga) tvistemål och (straffrättsliga) brottmål. Behovet av mänsklig interaktion mellan parter, åklagare, domare, nämndemän, skiljemän m.fl. varierar förstås, men är inte ifrågasatt i sig. Samtidigt sker redan idag en hel del rättsskipning genom ett skriftligt förfarande som i sig baseras på digitala fakta och analyser framtagna genom helt eller delvis automatiserade funktioner. Huruvida utfallet av alltmer AI-baserad rättsautomation blir företrädesvis positivt eller negativt för individen återstår att se. I termer av riskfaktorer utgör t.ex. förekomsten av »biased robots« som utmanar grundläggande principer om objektivitet och likabehandling redan ett viktigt inslag i debatten. Samtidigt har robotar potential att förstärka rättssäkerheten genom förutbestämbar rättvisa och i någon mening legalitet. Med det sistnämnda förstås kortfattat att bara sådana beslut fattas och genomförs som är förenliga med gällande regelverk. Allt svårare lär det dock bli att säkra transparensen i beslutsprocessen i takt med att komplexiteten i algoritmerna ökar med anknytande maskininlärning.

(iii) Behövs det en ny rättsfigur i form av en digital person?

Historien har sin gång, vilket inte alltid är uppenbart för den som lever mitt i samhällsutvecklingen. I vår nutid är det ändå noterbart hur digitaliseringen når nya höjder både kvantitativt och kvalitativt. För att i positiv bemärkelse bevaka och bejaka ett humanistiskt perspektiv när maskinella lösningar i allt större utsträckning präglar såväl privatliv, affärsliv och förstås även offentliga åtaganden i myndighetssfären behövs nya inslag i den redan pågående dialogen. Hypotesen är här, som redan framkommit, att det finns behov av någon form av analysmodell – en ny rättsfigur – att knyta upp resonemanget kring AI och juridik kring.

Ansatsen bygger dock inte på antagandet att en ny rättsfigur skulle kunna lösa alla juridiskt orienterade frågor om optimala AI-tillämpningar med anknytande ansvarsfördelning och hantering av ensamrätter som upphovsrätter, patent m.m. Men en väl avvägd juridifiering – eller om man så vill legalisering – av AI för att kunna ta till vara på teknikens potential framstår som intressant att forska vidare kring. Här är några utgångspunkter:

- En digital person är uppenbarligen inte detsamma som en biologisk varelse samtidigt som det kan konstateras att traditionella gränsdragningar håller på att luckras upp genom olika implantat etc.
- En digital person är inte heller någon/något som låter sig inordnas som en variant av en juridisk person, t.ex. aktiebolag eller en enskild firma.

Bland annat mot denna bakgrund utkristalliserar sig ett behov av en analysmodell som mer handfast kan bidra till att föra de juridiskt orienterade resonemangen kring AI vidare. Detta förhållningssätt bygger i sin tur på insikten om, eller snarare acceptansen av AI, som åtminstone delvis något nytt fenomen som fundamentalt förändrar samhällets rättsliga infrastrukturer. Det rör sig alltså om en annan dimension med implikationer avseende intelligenta agenter och mycket mer. I Wikipedia beskrivs en intelligent agent som »an autonomous entity which observes through sensors and acts upon an environment using actuators (i.e. it is an agent) and directs its activity towards achieving goals (i.e. it is 'rational', as defined in economics)«.

I en diskussion som denna finns det vidare anledning att fundera något kring vad som kan betecknas nollalternativet. Här handlar det om vad som skulle kunna hända om utvecklingen av den artificiella intelligensen får ha sin gång utan den juridiska kreativitet som är förknippad med införandet av en ny rättsfigur – den digitala personen. Sett ur ett juridiskt perspektiv går det i grova drag att särskilja negativa konsekvenser på såväl makro- som mikronivå. I övergripande termer utkristalliserar sig ett framtida dysfunktionellt rättssamhälle där rättssäkerhetsgarantier inte bara naggas i kanten utan riskerar att helt försvinna, eftersom det inte finns någon funktionell rättsfigur som kan agera subjekt. Väl etablerade principer om öppenhet och transparens är också i farozonen. Detta blir särskilt påtagligt när dynamiska algoritmer ligger till grund för maskininlärning. Mer specifikt riskerar nollalternativet att leda till att individer och organisationer lider rättsförluster när transaktioner av olika slag, som äger rum i digitala miljöer, inte tillerkänns juridisk giltighet med hänvisning till att den intelligenta agenten varken utgör en fysisk eller en juridisk person. Frågorna är många och resonemanget kring den digitala personen återupptas i avslutningen av essän.

3. *Allmänna reflektioner med anknytande referenser*

3.1 *Juridikens roll i det AI-baserade samhället*

De ovan uppställda hypoteserna kan preliminärt anses vara verifierade. Givetvis fordrar en mer ingående rättsvetenskaplig ansats betydligt både bredare och djupare studier. Närmast sammanfattningsvis kan dock konstateras att förekomsten av algoritmer som kodas och styr rättsligt beslutsfattande är en realitet redan idag. Detta faktum är dock inte detsamma som att den kodade rättsordningen fungerar problemfritt. Tvärtom aktualiserar transformering av rättsinformation i form av exempelvis lagstiftning och rättsfall till kod, en hel mängd olika rättssäkerhetsfrågor. Det gäller t.ex. vem – socialsekreterare, domare eller i praktiken systemutvecklare – som har befogenhet att avgöra hur innebörden av en »skälig levnadsnivå« inom ramen för ekonomiskt bistånd som försörjningsstöd ska programmeras. Diskussionen under våren 2017 i Sverige kring användningen av roboten Ernst inom socialförvaltningen i Trelleborg och Kungsbacka är ett närliggande exempel på hur även fundamentala frågor om jobb som kan komma att försvinna oroar, liksom att mänskliga kontakter riskerar att utarmas när den dagliga AI-användningen blir alltmer kraftfull och tillgänglig.[55]

Det som framstår som särskilt bekymmersamt är dock (förenklat uttryckt) övergången från traditionellt deterministiska algoritmer, d.v.s. som givet indata återkommande fungerar på samma sätt till skillnad från dynamiska som beroende på just olika indata är föränderliga över tid. Den sistnämnda formen av maskininlärning utmanar framför allt fundamentala rättsliga principer om öppenhet och transparens. Det är en sak att en

55 https://www.voister.se/artikel/2017/07/robot-styr-forsorjningsstod-i-trelleborg/), hämtad 2018-09-19

viss AI-tillämpning äger rum inom ramen för en »svart låda« vars innehåll exempelvis en rättighetshavare kan ha åtkomst till och en annan som innebär att ingen humanindivid fullt ut kan begripa olika automatiserade skeenden.

I resonemang som detta förekommer inte sällan uttrycket »code is law« som en parafrasering av Lessigs arbeten inom området (se nedan). Poängen är emellertid, inte minst mot bakgrund av ovanstående, delvis missvisande. En viktig tanke är i och för sig erkännandet av datorprogram som normbildande men det blir mer komplext att göra en jämförelse mellan kod som definitivt styrande såsom »lag«. Det som är typiskt för lagstiftning är nämligen regelverks föränderlighet. Givetvis ändras grundlagar såsom tryckfrihetsförordningen mycket sällan till skillnad från sekretesslagstiftningen som i princip löpande är föremål för författningsförändringar. Poängen är här att begreppet lag är minst lika komplext och dynamiskt som datorprogram. Det finns med andra ord all anledning att försöka undvika att jämföra äpplen med päron när den tekniska och juridiska semantiken ser ut som den gör.

Detta innebär dock inte att IT-kunniga ska släppa frågor om rättssäkerhet i form av förutsebarhet, öppenhet, likabehandling och legalitet, men diskussionen kan som sagt behöva nyanseras. Vikten av rättssäkerhet i samband med domstolars rättsskipning ska t.ex. inte blandas samman med medborgarnas behov av rättstrygghet. Risken att bli nedslagen av vandrande robotar på stan behöver med andra ord också bemästras. Delvis motsägelsefullt kan även konstateras att robotar eller AI-baserad bevakning med avancerad ansiktsigenkänning på allmän plats kan göra samhället säkrare för den som känner sig utsatt och av den anledningen finner skäl att släppa efter något på sin personliga integritet. Något att ha i åtanke är att tekniken i sig varken är god eller ond.

Tankar och diskussion kring användning av robotar är i sig inte något nytt. Detta förminskar dock inte vikten av att i samklang med samhällsutvecklingen fortsatt ha robotiseringen som en förlängning av AI högt upp på agendan. En utmaning är dock att inte fastna i människans fascination över sina mekaniska likar utan att snarare lyfta fram den funktionalitet som robotar representerar i ett bredare sammanhang. Ett intressant initiativ på detta tema är ett utkast till en EU-rapport som visserligen tar sin utgångspunkt i specifikt robotars »personhood status« med rekommendation till »the Commission on Civil Law Rules on Robotics« (2015/2103(INL)) från »Committee on Legal Affairs«, men som även innehåller bredare diskussion och förslag.

Det resonemang som förs i denna essä mynnar ut i ett behov av ett samlat juridiskt resonemang som bl.a. med hjälp av en ny rättsfigur – den digitala personen – kan knyta ihop juridiken i det AI-baserade samhället. Det rör sig som sagt om en analysmodell som ger upphov till ett helt batteri av frågor som det självfallet inte finns precisa och koncisa svar på. Nedan följer ett axplock. Tidsperspektivet varierar från nutid till framtid och frågeställningarna är mer eller mindre närliggande dagens livsföring som i allt större utsträckning har digitala förtecken.

- Är en digital person detsamma som en algoritm eller en kombination av algoritmer som sammantaget ger den digitala personen **en algoritmisk basidentitet**? Detta implicerar att en här kallad digital person är något mer än en digital identitet som aktör på internet.

- Kan en algoritmisk basidentitet ligga till grund för **materialisering av digitala personer**, d.v.s. robotisering, genom exempelvis domare med AI-baserad bakomliggande funktionalitet, men formgivna som människor? Om svaret är ja, vill vi då få humanbeteende inprogrammerat i form av inlevelseförmåga, arrogans, vänlighet, sömnighet etc.?

- Finns det anledning att i vissa sammanhang, t.ex. vid en rättegång, upprätthålla **en kognitiv distinktion** mellan biologiska (fysiska personer) respektive maskinella existenser? Behöver vi utöka våra rättighetskataloger med en rätt att i vissa sammanhang få reda på om kommunikation äger rum med en fysisk person, juridisk person eller en digital person?

- Bör det bli möjligt att med stöd i lagstiftningen kunna överklaga t.ex. en myndighets användning av algoritmer, en rätt till **systembesvär** med andra ord? För detta med sig en framväxande profession baserad på digitala fullmakter och digitala ombud för att kunna matcha den digitala motparten?

- Behöver den juridiska systematiken modifieras så att vi i tillägg till vad som betecknas som traditionell ´hard law´ respektive ´soft law´ som kan vara sedvänja, standarder etc. behöver ´digital law´ (´agent law´)? Är den traditionella juridiken inte tillräckligt intelligent när det gäller digitala informationsresurser och har därför spelat ut sin roll som konfliktlösningsmekanism och garant för fysiska personers fri- och rättigheter?

- Är rättssäkerhet som värdegrund passé till förmån för etik som i stället för hos domstolar kommer att hanteras av (delvis virtuella) **ELAB:s (Ethical and Legal Advisory Boards)**?

- Är AI inom den juridiska domänen på väg att revolutionera informationshanteringen genom **smarta lösningar** för avtalshantering med anknytande s.k. ´due diligence´ – en form av företagsgranskning inför ´mergers and acquisitions´ – i näringslivet? Vilken nivå av semantik kan framöver krävas i samband med juridisk informationssökning. Är det numera självklart att **sökalgoritmerna** som används i våra juridiska databaser inte belastar användaren med sökträffar där det inte görs någon skillnad mellan dokument som innehåller såväl orden ´dom´, ´domare´, ´domherre´?

- Är det realistiskt att föreställa sig **begriplig AI för alla**, eller skulle det vara mer rimligt att låta digitala personer med varierande algoritmisk konstitution få företräda fysiska personer i olika sammanhang? Är EU:s dataskyddsförordning GDPR (General Data Protection Regulation, (EU) 2016/679) om automatiserat individuellt beslutsfattande, inbegripet profilering inne på rätt spår, åtminstone under en övergångsperiod (se artikel 22)?

- Kan **rättvisemärkta algoritmer** i samband med kreditvärdering, skattebeslut, socialförsäkring m.m. komplettera det skydd för individers fri- och rättigheter som idag manifesteras i traditionell lagstiftning, rättsskipning och avtalsbaserade lösningar parter emellan?

- Hur kan **utbildning** vid våra lärosäten moderniseras och modifieras bortom dagens många gånger förlegade syn på samhället präglad av fysiska infrastrukturer istället för digitala?

3.2 Förslag på vidare läsning

Förslagen nedan utgör ingalunda någon fullständig läslista utan är snarare ett axplock av litteratur kring AI och juridik sett över tiden. Gemensamt tema i urvalet av referenser är dels rättsordningen som en särskild domän för tillämpningar av AI, dels rättsliga konsekvenser i form av ansvarsutkrävande m.m. I avhandlingen *Rättsautomation: Särskilt om statsförvaltningens datorisering* presenterar författaren till denna essä problemområdet för den svenska rättsvetenskapen (Stockholm: Norstedts Juridik, 1992). Redan så pass långt tillbaka i tiden fanns ett växande intresse för AI-anknutna expertsystem och så kallade kunskapssystem inom den juridiska domänen. De faktiska förutsättningarna för att lyckas med olika tillämpningar var givetvis begränsade. Detta hindrade dock inte ansatser som ställde principiella frågor om transformering av rättsinformation till datorprogram på sin spets. Ett tidigt exempel härpå är Richard Susskind och hans bok *Expert Systems in Law: A Jurisprudential Inquiry* (Oxford University Press, 1988). Från nutid kan nämnas Stanley Greensteins avhandling om *Our Humanity Exposed: Predictive Modelling in a Legal Context* (Stockholms universitet, 2017).

En bok som närmast har kommit att betraktas som en klassiker är *Code and Other Laws of Cyberspace* av Lawrence Lessig (Basic Books, 1999) som i en andra version finns gratis nedladdningsbar (http://codev2.cc/download+remix/Lessig-Codev2.pdf). Det särskilt intressanta med denna publikation är hur Lessig tidigt och visserligen med anglosachsiska utgångspunkter, relativt långt bort från vår kontinentaleuropeiska rättsordning, lyfte frågan om datorprogram som en juridisk styrmekanism. Bortom traditionella rättsfallsanalyser och normativa resonemang kring lagstiftning fann han strukturella förändringar vad gäller regleringen av internet. I det praktiska rättslivet är det dock vanligt att främst förknippa Lessigs arbete med s.k. Creative Commons-licenser inom upphovsrätten.

Samhällsutvecklingen gör att också lagstiftaren närmar sig AI-relaterade spörsmål och då företrädesvis i termer av ansvarsfördelning och ansvarsutkrävande. Ett exempel härpå är *Utredningen om självkörande fordon* på väg och dess slutbetänkande SOU 2018:16. Lagstiftaren hänger inte med och lagstiftningen släpar efter är en välkänd devis och då företrädesvis med negativa förtecken. Frågan är dock om påståendena är fullt korrekta och dessutom om det inte kan ha sina fördelar med viss eftersläpning för att undvika reglering som blir obsolet alltför snabbt. Detta är dock inte detsamma som att bejaka passivitet och närmast en beröringsskräck vad gäller modern it och då inte minst AI. Ett försök att inte ducka alltför mycket för synsättet att lagstiftning på alla sätt och vis ska vara teknikneutral – och därmed förstås riskera att bli utvattnad – går att läsa om i Digitaliseringsrättsutredningens betänkande om *Juridik som stöd för förvaltningens digitalisering* (SOU 2018:25). Utredningen, som författaren ansvarat för i rollen som särskild utredare, för en hel del resonemang kring automation inom den offentliga förvaltningen och föreslår bl.a. att information ska kunna lämnas om hur en myndighet vid handläggning av mål eller ärenden använder algoritmer eller datorprogram som helt eller delvis påverkar utfallet eller beslutet vid automatiserade urval eller beslut.

I floran av AI-litteratur är det rätt lätt att gå vilse. Givetvis söker vi som läsare efter olika typer av referenser beroende på yrkesprofil, intresse, dagsaktuellt behov etc. Ett verk som sticker ut genom sin lättillgänglighet baserad på komplexitet är Max Tegmarks bok *Liv 3.0: att vara människa i den artificiella intelligensens tid* (Stockholm: Volante, 2017 i översättning av Helena Sjöstrand Svenn och Gösta Svenn). För en jurist blir läsningen utöver allmänbildning särskilt intressant i frågeställningar formulerade som »(h)ur kan vi uppdatera våra juridiska system så att de blir rättvisare och effektivare och håller jämna steg med det digitala landskap som förändras i rask takt?« (s. 123, se även s. 139 ff.)). I boken görs också andra kopplingar till juridiken och då särskilt upphovsrätten och andra immaterialrätter. Ett viktigt observandum är att juridiken fungerar både som hämsko och möjliggörare i utvecklingen och användningen av AI.

I detta sammanhang kan nämnas digital humanvetenskap som är ett framväxande forskningsfält vid Stockholms universitet (http://dhv.dsv.su.se). *Digital humanvetenskap (DHV)* innebär interdisciplinära studier av digitala artefakter och miljöer och deras betydelse för människan och samhället. Detta inkluderar bl.a. (i) humanvetenskapliga studier av aktörer och deras roll i det digitala samhället, (ii) sociala och legala aspekter, ansvars- och etikfrågor, samt (iii) interaktioner mellan människor i digitala system och mellan människor och digitala entiteter.

I en diskussion om juridikens roll i det AI-baserade samhället hamnar fokus numera allt oftare på den juridiska professionen. Hur tänker de blivande juristerna vid våra lärosäten liksom tingsnotarierna vid våra domstolar på sin framtida yrkesroll? Nyhetsflödet är intensivt om jobb som försvinner och robotar som både snabbare och bättre kan utföra ´due dilligence´ (företagsanalys) i samband med inte minst internationella affärstransaktioner. Svaret är förstås inte givet annat än att det är en särskild uppgift att i våra juristprogram vid universiteten liksom vid domarutbildning förbereda juristerna på rättsliga konsekvenser av AI och vikten av att låta juridiken spela en proaktiv roll i dessa sammanhang i stället för att så som traditionellt vara reaktiv när problemen redan har uppstått. Detta förhållningssätt präglar utbildningen i Rättsinformatik vid Stockholms universitet där ämnet utgör en obligatorisk kurs på avancerad nivå med möjligheter att både läsa fördjupande specialkurser och skriva examensuppsats. Kurslitteratur är *Rättsinformatik – Juridiken i det digitala informationssamhället* (Red. Cecilia Magnusson Sjöberg, Lund: Tredje upplagan, Studentlitteratur, 2018). Se vidare *regeringens nationella inriktning för artificiell intelligens* (N2018.14) i vilken man betonar vikten av en stark koppling mellan forskning, högre utbildning och innovation inom AI samt även det faktum att »standarder inom AI har möjlighet att främja teknisk, semantisk, rättslig och annan interoperabilitet både inom och mellan företag och offentliga institutioner, samt bidra till ökad tydlighet gentemot användare och konsumenter« (s. 10).

I termer av omvärldsbevakning förtjänar ytterligare ett par referenser att omnämnas.

Stiftelsen för strategisk forskning har t.ex. under våren 2018 tillsammans med ett tiotal författare utarbetat rapporten *Livet med AI* (SSF-rapport nr 29). Bland bidragen återfinns ett med specifik inriktning mot juridiken. Det är Peter Wahlgren som adresserar frågan om Reglering av Artificiell Intelligens (s. 52–57). Vinnovas rapport (VR 2018:08) om *Artificiell intelligens i svenskt nä-*

ringsliv och samhälle: Analys av utveckling och potential framstår också som relevant i sammanhanget även om den inte mer än kortfattat rör regulatorisk utveckling kopplad till AI (s. 79–81). Se vidare arbete som pågår inom OECD (http://www.oecd.org/going-digital/ai/oecd-initiatives/).

3.3 Avslutning

Till sist har jag personligen en god förhoppning om fortsatt såväl vetenskaplig som vardaglig dialog. Och kom ihåg, en jurist kan verka trist, men rätten kan vara ett av sätten att skapa AI med människan i centrum. Det är mot denna bakgrund som diskussionen kring införandet av en digital person i rättsordningen bör föras.

Konceptet som sådant är inte bara ett begrepp i tillägg till en fysisk person respektive en juridisk person. Det är snarare fråga om en rättsfigur som under vissa omständigheter skulle kunna erkännas rättskapacitet med rättigheter och skyldigheter. Särskilt intressant är tillskapandet av handlingsutrymme i form av exigibilitet (verkställbarhet) med sikte på att i olika digitala miljöer få genomslag av juridiska bedömningar. Rättsfiguren, d.v.s. den digitala personen, skulle som sådan kunna beskrivas som en konstellation av algoritmer bestående av en algoritmisk basidentitet, som med hänvisning till olika ändamål skulle kunna profileras och preciseras. För att kunna utvärdera om en digital person med en viss algoritmisk identitet fungerar väl, givet traditionella värdegrunder som etik, rättssäkerhet och tillit kan vidare en avstämning göras i termer av funktionell ekvivalens. (Detta har varit och är fortfarande en välkänd metod när traditionella avtal, lagstiftning m.m. ska anpassas till digitala förhållanden.) I förlängningen skulle lagstiftaren kunna besluta om föreskrifter som ger digitala personer rättskapacitet både i inskränkande och utvidgande mening. Viss form av lagstiftning skulle även kunna vara självgenererande. Domstolars roll och framtida bemanning liksom innehållet i den juridiska yrkesrollen i allmänhet framstår dock som alltmer oviss, men i vilket fall krävs en profession som inte räds analys av algoritmer.

9. *Blunda inte för riskerna med artificiell intelligens*

Olle Häggström

Olle Häggström är professor i matematisk statistik på Chalmers tekniska högskola och forskare vid Institutet för framtidsstudier. Hans forskning spänner över breda fält, men främst sannolikhetsteori och existentiell risk. Den senaste av hans fyra böcker är »Here Be Dragons: Science, Technology and the Future of Humanity«

På Chalmers tekniska högskola, där jag arbetar, hölls i juni 2018 ett halvdagsmöte som samlade runt 150 av högskolans medarbetare från åtminstone ett dussin av dess olika institutioner och avdelningar. Temat var artificiell intelligens (AI), och de många och stora satsningar Chalmers nu står i begrepp att dra i gång, med hjälp av såväl egna medel som ett antal rikligt tilltagna externa anslag.

Sammanlagt handlade det om hundratals miljoner kronor, och vi som samlats i lokalen lyssnade andäktigt på den ena föredragningen efter den andra om de olika satsningarna: nya utbildningsprogram, rekrytering av såväl doktorander och forskarassistenter som internationella storstjärnor, och en ny struktur för att säkerställa att våra forskningsresultat så snabbt och smidigt som möjligt kan omsättas i nya kommersiella produkter. Väldigt lite konkret sades om vilka dessa produkter skulle kunna vara, men det gjorde inte så mycket, för alla verkade vara överens om att oavsett det så var det viktigt att vi gör så mycket som möjligt och så snabbt som möjligt.

Att påstå att en hallelujastämning rådde i lokalen vore måhända att ta till överord, men atmosfären var mycket positiv och optimistisk. Visserligen hade Sverige beklagligt nog kommit att halka efter både USA och Storbritannien och inte minst Kina i AI-utvecklingen, men nu minsann, med alla dessa satsningar, var tiden kommen för oss att ta igen förlorad mark och på allvar hävda oss i den globala kapplöpningen mot de allra bästa och kraftfullaste AI-innovationerna. Kapplöpningsmetaforen ska jag för återkomma till.

Chalmers är på intet vis något unikum i detta sammanhang. Att överblicka den globala utvecklingen är inte lätt, men det är knappast någon vågad gissning att liknande möten ägt rum eller inom kort planeras på många lärosäten – kanske hundratals – världen över. Lägg härtill det som sker i näringslivet, i allt från små startuppföretag uppbyggda kring en enskild forskningsidé till giganter som Google, Amazon och Facebook, och man kan ana att något stort är i görningen.

Jag var lite brydd över bristen på konkretion på Chalmersmötet vad gäller vilka slags framsteg och innovationer vi främst borde sikta på. AI-utvecklingens enorma samhällspotential står utom allt tvivel, och förutom tusentals nya och allt bättre appar till våra mobiltelefoner, och kraftfulla beslutsstöd inom medicinsk diagnostisering och många andra områden, kan den också komma att leda till en automatiseringsvåg som revolutionerar bransch efter bransch.

De förhoppningar som ställs till att AI-innovationer ska generera en betydande del av den förväntade ekonomiska tillväxten under det kommande årtiondet eller två är enligt min mening berättigade. Men just för att de potentiella framstegen är så mångfasetterade och kan ha så olikartade konsekvenser, tycker jag att det är olyckligt att så lite sägs om vilka slags innovationer och genombrott som kan väntas berika våra liv mest och ha den största samhällsnyttan, och vilka inriktningar av AI-forskningen vi därför borde prioritera.

Vi behöver ta några djupa andetag och fundera över vilken slags framtid vi vill att AI-utvecklingen ska bidra till.

Saken ställs på sin spets av att AI-utvecklingen har potential inte bara att göra världen *bättre*, utan också att göra den *sämre*, och i värsta fall orsaka katastrof. Jag ser därför framför mig ett abstrakt landskap av möjliga framtida AI-framsteg, där det bland guld och gröna skogar även finns blindskär och livsfarliga minor (för att nu ohämmat blanda metaforer). Den anda av att vi snabbast möjligt bör göra så stora teknikframsteg som möjligt, vilken präglade såväl det Chalmersmöte jag här berättat om som den mesta annan AI-diskussion vi ser i dag, är liktydig med att blint rusa rakt fram i detta minfält, eller att köra bil med gasen i botten och ögonen enbart på hastighetsmätaren utan en tanke på vilka hinder och andra farligheter som kan finnas där ute.

Detta duger inte. Vi behöver ta några djupa andetag och fundera över vilken slags framtid vi vill att AI-utvecklingen ska bidra till, vilka riskerna är, och hur vi bör agera för att skörda de största frukterna där ute samtidigt som vi undviker de farligaste minorna.

Det här är på tok för svåra och komplexa frågor för att jag i dagsläget ska kunna ge några bestämda svar, men låt mig, i syfte att understryka situationens allvar, ägna återstoden av denna essä åt att skissera några riskscenarier. Det kommer att bli ett brett svep, från en uppsättning risker som vi står inför redan i dag och hela vägen fram till den yttersta frågeställningen: kan vi behålla kontrollen den dag AI-utvecklingen frambringat en maskin som överträffar oss människor i alla de förmågor vi förknippar med mänsklig intelligens?

Autonoma vapen är idealiska för lönnmord, folkförtryck, destabilisering av nationer och selektivt dödande av etniska grupper.

Den kanske mest uppenbara AI-risk som redan i dag står och knackar på vår dörr har att göra med utvecklingen av så kallade autonoma vapen – eller, med den något mindre artiga term jag föredrar att använda, mördarrobotar. Hur farlig denna teknikutveckling kan bli framgår av det öppna brev från år 2015 med rubriken »*Autonomous Weapons: An Open Letter from AI and Robotics Researchers*«[56] som tusentals forskare världen över (även

56 https://futureoflife.org/open-letter-autonomous-weapons/

jag) skrev under, och som uppmanar till moratorium för utveckling av autonoma vapen:

Om någon av de stora militärmakterna väljer att satsa på utveckling av AI-vapen så uppstår oundvikligen en global kapprustning vars teknologiska slutpunkt är uppenbar: autonoma vapen kommer att bli framtidens kalasjnikovar. Till skillnad mot kärnvapen kräver inte dessa några kostsamma eller svårtillgängliga råvaror, och de kommer därför att bli rikligt förekommande och lätta för alla någorlunda stora länder att massproducera. Det blir bara en tidsfråga innan de dyker upp på den svarta marknaden och i händerna på terrorister, diktatorer som vill öka kontrollen över den egna befolkningen, krigsherrar med avsikt att genomföra etnisk rensning etc. Autonoma vapen är idealiska för lönnmord, folkförtryck, destabilisering av nationer och det selektiva dödandet av någon viss etnisk grupp. Vi tror av dessa skäl att en militär AI-kapprustning inte vore till gagn för mänskligheten.

Den sista meningen är givetvis en kraftig underdrift. Ändå träffar man ibland på någon som gör allt för att tona ner dessa risker. Ett exempel är kognitionsvetaren Steven Pinker, i en paneldiskussion i EU-parlamentet[57] i Bryssel 2017 som vi båda deltog i. Han framhöll att det skulle krävas en galning för att konstruera något så hemskt som »en svärm av robotinsekter avsedd att attackera enskilda människor baserat på ansiktsigenkänning«, och att det i dag inte längre finns utrymme för sådana enstaka galningar eftersom alla betydande ingenjörsprojekt numera genomförs i stora samarbeten.

Pinkers optimism på denna punkt är dess värre grundlös, då han ju helt ignorerar den inre logiken i kapprustningar och det militärindustriella komplexet. Han förbiser också att minst lika hemska massförstörelsevapen har utvecklats i över 70 års tid – inte av ensamma galningar, utan just i stora samarbetsprojekt (varav Manhattanprojektet är det mest kända). Varför skulle allt sådant utvecklingsarbete plötsligt upphöra av sig självt? Faran

57 http://haggstrom.blogspot.com/2017/10/the-ai-meeting-in-brussels-last-week.html

med en militär AI-kapprustning är verklig och något vi behöver förhålla oss till.

Problemet kompliceras av att många av de teknikframsteg som är aktuella på detta område handlar om »dual-use technologies« – tekniker som går att använda både för att berika våra liv och för att skapa död och förintelse. Hur är det exempelvis med postorderjätten Amazons projekt att utveckla ett system för drönarbaserad leverans av bokpaket? Det är inte helt uppenbart att det går att utveckla en sådan teknik med egenskapen att den inte enkelt kan omprogrammeras för att till en given adress leverera bomber i stället för bokpaket. Om det inte går att förhindra sådan omprogrammering finns risken att tekniken får katastrofala samhällskonsekvenser.

Det finns också risker med helt andra slags AI-teknologier. Ett exempel är AI-baserad bildbehandling, som redan i dag är av stort värde inom exempelvis filmindustrin. Att denna teknik också har en baksida stod klart i slutet av 2017 då en internetanvändare med pseudonymen Deepfakes publicerade en uppsättning pornografiska videoklipp som felaktigt men mycket realistiskt gav intryck av att visa några av världens mest kända skådespelerskor. Klippen var gjorda med AI-teknik för så kallad *face swap*, där en persons ansikte kan bytas mot en annans. I början av 2018 släpptes en app som låter vem som helst göra samma sak, och det återstår att se om följden blir en våg av hämndporr och andra skadliga tillämpningar.

Artificiell intelligens kan leda till *teknologisk arbetslöshet.*

Den som vill blunda för problemet kan här anföra att det nog löser sig självt då ju teknikens tillgänglighet gör att den som utsätts för hämndporr kan hävda att det rör sig om förfalskningar. Men om det är riktigt, hur går det då med videobevis i rättegångar? Och vad gör tekniken med vår förmåga att mönstra ut *fake news* från nyhetsrapportering? Problemen hopar sig.

Ett problem som troligen är av något mer långsiktig karaktär rör AI-utvecklingens konsekvenser för arbetsmarknad och ekonomisk ojämlikhet. Frågan aktualiseras av att en stor del av de AI-framsteg som kan väntas handlar om att skapa maskiner som kan ta över arbetsuppgifter från oss människor och utföra dem snabbare, bättre och billigare än vi själva förmår. Ett sådant övertagande innebär att löneinkomster (för den som tidigare gjorde arbetet) ersätts med avkastning på kapital (för den som äger maskinen), och eftersom kapitalinkomster är ojämnare fördelade än löneinkomster kan detta väntas driva på den ekonomiska ojämlikheten.

Nära relaterad är frågan om huruvida AI-utvecklingen kan väntas leda till så kallad *teknologisk arbetslöshet*, alltså arbetslöshet orsakad av rationalisering till följd av tekniska framsteg. Att människors arbetsuppgifter övergår till maskiner är förvisso inget nytt fenomen och vi kan ta det svenska jordbruket som exempel: till följd av teknikdriven effektivisering har dess andel av den svenska arbetskraften minskat från cirka 75 procent vid mitten av 1800-talet till cirka 3 procent i dag. De 72 procent som lämnade jordbruket hamnade dock inte alla i arbetslöshet, utan de gick mestadels till andra sektorer (inledningsvis främst industrisektorn, därefter allt mer till tjänstesektorn).

Exemplet illustrerar att arbetslösheten, även om den varierat i takt med ekonomins konjunktursvängningar, över längre tidsperioder inte skenat, trots teknikutvecklingen. Huruvida detta – att arbetskraften hittar anställningar i nya sektorer i ungefär samma takt som de rationaliseras bort från gamla – kommer att bestå är inte alls givet. Vi står nämligen inför ett antal nya omständigheter, som att det i dag inte längre bara är fysiska och manuella arbetsuppgifter som automatiseras bort, utan även intellektuella (ett ofta citerat exempel är automatiserad journalistik). Att vi i evighet ska kunna hitta nya arbetsuppgifter där den mänskliga förmågan överstiger maskinernas är på intet vis självklart.

Ibland påstås att vår räddning från att bli utkonkurrerade skulle bestå i att kombinationen människa plus maskin alltid är bättre än maskinen ensam. Den tankegången håller dess värre inte, ty om maskinens överlägsenhet på något område blir tillräckligt stor blir människans bidrag betydelselöst. Som min matematikerkollega Johan Wästlund påpekat: ett X2000-tåg blir inte märkbart snabbare om en människa med handkraft hjälper till att putta på.

Ett samhälle med 100 procent arbetslöshet är i viss mening jämlikt, men hur ska ett sådant samhälle organiseras?
Man kan givetvis ifrågasätta om den teknologiska arbetslösheten i grunden är något dåligt. Lönearbete kanske trots allt inte är livets mening? Det går att hävda att det vore bra om vi befriades från detta, för att i stället ägna oss åt konst, kultur, kärlek och förströelse. Ett samhälle med 100 procent arbetslöshet är i viss mening jämlikt, men svåra frågor uppstår om hur ett sådant samhälle kan organiseras. Om det är dit vi vill så behöver vi också ha en fungerande plan för vägen dit, vilken rimligtvis går via arbetslöshetsnivåer på 20 procent, 50 procent och 90 procent. Hur kan vi passera sådana övergångsstadier utan att vidga de ekonomiska klyftorna ofantligt och utan att skapa social instabilitet? Medborgarlön kan tänkas vara med som en del av lösningen, men som helhet har vi inte några tydliga svar i dag.

Det vore troligen förhastat att betrakta dagens arbetslöshetssiffror som början på en eskalerande teknologisk arbetslöshet. Läget kan dock komma att förändras snabbt. Utvecklingen av självkörande bilar kan på bara ett par decenniers sikt väntas leda till en strukturomvandling där många miljoner buss-, taxi- och lastbilschaufförer världen över förlorar sina arbeten i något som kan bli en närmast fullständig utradering av en hel arbetsmarknadssektor.

Liknande omställningar kan komma snabbt i en rad andra sektorer, varav textilindustrin är en. Den har hittills varit mycket personalintensiv till följd av att det varit svårt att utveckla industrirobotar som förmår hantera mjuka material, något som AI-metoder de allra senaste åren dock kommit att ändra på. Följden kan komma att bli en snabb automatisering av textilindustrin, så att de ekonomiska incitamenten för klädföretag i väst att förlägga produktionen till låglöneländer försvinner. Om den då flyttas hem blir konsekvenserna svåra för en rad länders ekonomier.

AI-forskningens ultimata vision: skapandet av en *artificiell generell intelligens* (AGI)

Jag har sparat AI-forskningens ultimata vision till sist – skapandet av en *artificiell generell intelligens* (AGI), det vill säga en maskin vars intelligens matchar eller överstiger människans över hela spektret av relevanta kognitiva förmågor inklusive kreativitet och förmåga att tänka utanför boxen. Den stora merparten av all AI-forskning i dag handlar om att skapa AI avsedd att lösa någon snävt avgränsad specifik uppgift, som att vinna i schack eller att på ett säkert vis framföra en bil i tät stadstrafik, men vid sidan om sådan specialiserad AI finns också en rad projekt vars långsiktiga syfte är att skapa AGI.

Oenigheten bland AI-forskare angående när – om någonsin – ett AGI-genombrott är att vänta är stor. De undersökningar som gjorts visar att de sprider sina uppskattningar relativt jämnt över hela det innevarande århundradet och en del tror att ett genombrott kommer att dröja ännu längre tid, medan åter andra hävdar att det aldrig kommer att gå. I ett sådant läge gör vi klokt i att bereda oss på alla möjligheter.

Oenigheten är stor också vad gäller följderna av ett sådant genombrott, men en ganska vanlig uppfattning bland AI-futurologer är att ett AGI-genombrott snabbt kan trigga i gång en accelererande självförbättringsspiral som mycket snabbt leder till en AGI med *superintelligens*, i betydelsen en intelligens som lämnat människans långt bakom sig i fråga om samtliga relevanta kognitiva förmågor. Denna snabba (men än så länge hypotetiska) dynamik har omväxlande benämnts *singularitet* och *intelligensexplosion*.

I en klassisk uppsats från 1951 diskuterade datavetenskapens fader Alan Turing på fullt allvar möjligheten av en framtida superintelligent maskin. Det skulle dock dröja ända till 2005 och

Silicon Valley-visionären Ray Kurzweils bok *The Singularity is Near*[58] innan tanken vann någorlunda brett intresse inte bara i science fiction-litteraturen, utan också bland forskare. Den starkt optimistiske Kurzweil beskriver genombrottet för superintelligens som det avgörande steg som ska hjälpa oss människor att befria oss från våra skröpliga kroppar och ge oss allt vi kan önska, inklusive erövrandet av världsrymden.

Därefter har diskussionen till stor del kommit att skifta karaktär – bort från Kurzweils evangeliska tonfall och mot en mer balanserad syn och ökad medvetenhet om att ett AI-genombrott kan ha betydande risker, inklusive risk för total utplåning av mänskligheten.

Denna kapplöpningslogik kan leda till att AGI-genombrott resulterar i global katastrof.

Redan Turing insåg att när väl en superintelligent AGI är på plats och vi människor alltså inte längre är de intelligentaste varelserna på vår planet så kommer vi antagligen inte längre att kunna behålla kontrollen. Vårt öde kommer därför att vila i maskinernas händer och allt hänger då på vilka drivkrafter och mål som maskinerna har.

Ett lite karikatyrartat men ofta citerat exempel är det så kallade *Paperclip Armageddon*, där det stora AGI-genombrott som triggar intelligensexplosionen sker med en maskin som är satt att sköta en gemfabrik och som därför har maximering av gemproduktion som mål. När maskinen nått superintelligensnivå skrider den raskt till verket med att omvandla all materia på vår planet – inklusive oss människor – till en jättelik hög med gem.

Det huvudsakliga sätt som föreslagits för att säkerställa att ett AGI-genombrott får goda konsekvenser är att på något vis se till att den första superintelligenta AGI:n har värderingar och mål som prioriterar mänsklig välfärd och även i övrigt är i samklang med goda mänskliga värderingar – vad som nu menas

58 https://en.wikipedia.org/wiki/The_Singularity_Is_Near

med sådana. Detta projekt har tidigare kallats »friendly AI« men benämns numera »AI alignment«. Det anses av flera skäl vara mycket svårt.

Ett skäl är det som alla programmerare känner till: när vi programmerar tenderar vi att göra fel, och när en diskrepans föreligger mellan vad vi programmerat och vad vi egentligen menade så blir det förstnämnda styrande. Ett annat skäl ligger i den grundläggande instabilitet som verkar föreligga, och som innebär att till synes små avvikelser från de mål vi avser kan ha katastrofala konsekvenser.

Det gäller också att vara noggrann med valet av mål: ett förmånligt klingande mål som »maximera mängden välbefinnande minus lidande i världen« skulle måhända få i någon mening gynnsamma konsekvenser för universum, men skulle troligen också leda till mänsklighetens utplåning, då ju våra kroppar och hjärnor rimligtvis är mycket långt ifrån optimala när det gäller att maximera mängden välbefinnande per kilogram materia.

Vi behöver tagga ner en smula.

Och som om inte dessa svårigheter vore nog, kan situationen förvärras av det slags kapplöpningstänkande som präglade det Chalmersmöte jag berättade om i början av denna text och som är så vanligt i retoriken kring AI-satsningar. Om två eller flera intressenter (företag eller nationer) tävlar om att bli först med att skapa en superintelligens, så kommer den som väljer att försöka lösa *både* superintelligens- och AI-alignment-problemen att stå inför en svårare uppgift än den som nöjer sig med att *enbart* skapa en superintelligens, och kan därför hamna på efterkälken.

Denna kapplöpningslogik riskerar därmed att leda till att AI alignment nedprioriteras och därmed till en ökad risk att ett AGI-genombrott resulterar i global katastrof. Vi behöver tagga ner en smula, tänka mer långsiktigt och agera med en högre grad av ansvarstagande än vad som hittills varit brukligt på AI-området

10. Hamnar vi i skuggan av en AI?

Gerolf Nauwerck
Gerolf Nauwerck är doktorand i människa-datorinteraktion vid Uppsala universitet. Han fokuserar på digitalisering och arbetsmiljö i komplexa organisationer.

Det är närmare hundra år sedan Karel Čapek etablerade begreppet robot i sin succépjäs *R.U.R.* (*Rossum's Universal Robots*)[59]. Pjäsen handlar om hur intelligenta robotar tar över världen, ett tema Čapek återkom till i den klassiska romanen *Salamanderkriget*. I fokus för *R.U.R* står ett antal karaktärer, bland annat den kritiska Helena och entreprenören Damon. I inledningen ställer Damon retoriskt frågan till Helena: »vilken är den bästa medarbetaren?« »Den bästa medarbetaren?«, svarar Helena, »jag antar att det är den som är ärlig och engagerad.« På vilket Damon svarar: »Nej. Den bästa är den billigaste. Den som har minst behov. Robotar är tekniskt överlägsna oss, de har en fantastisk förmåga att förstå, men de har ingen själ.«

Robotarna i pjäsen var ursprungligen tänkta för att utföra enkla sysslor, men utvecklar så småningom en självmedvetenhet som leder till att de revolterar. Den sortens självmedvetande eller generell AI (singulariteten) står inte i fokus för denna text. Istället handlar det om den snäva AI som redan idag kan utföra en mängd arbetsuppgifter, inte minst av kognitiv art. I väntan på singulariteten erbjuder snäv AI tillräckligt många utmaningar för vårt samhälle, här och nu. Denna typ av AI är i praktiken sammanflätad med algoritmer, robotik, maskinlärande, automatisering och annat, vilken den både möjliggör och är beroende av. I vardagligt tal är till och med gränsen mellan AI och digitalisering högst flytande, något som blir särskilt tydligt när AI

59 Čapek, Karel, *R.U.R.*, 1920.

ska sättas i ett större sammanhang. AI implementeras inte i ett vakuum utan både påverkar och påverkas av allmänna ekonomiska och politiska strömningar.

I *R.U.R* ställer Čapek den mänskliga arbetaren med mänskliga behov mot tekniken som inte ställer några krav. Människans behov i arbetslivet fångas ganska väl i begreppet det goda arbetet, som etablerades i den svenska debatten på 1980-talet. Tankarna har beröringspunkter med dagens idéer kring medarbetarengagemang och aktualiteten återspeglas även i exempelvis den brittiska Taylorrapporten *Good Work* från år 2017.

Arbetslivsforskarna Jan Johansson och Lena Abrahamsson sammanfattar i sin artikel idén om det goda arbetet i sju punkter.[60] Självständighet, variation och lärande är de kanske mest etablerade. Vikten av en trygg anställning och gruppens betydelse lyfts också fram. En säker arbetsmiljö och en jämställd arbetsplats framstår som mer kopplade till en svensk kontext. Jämställdhet är i mycket en icke-fråga i diskussionen om AI och arbete. Undantaget är användning av AI inom rekrytering, där fördomsfriheten och opartiskheten hos AI framhålls som en fördel i teorin. I praktiken har det istället visat sig att algoritmerna inte är bättre än sina skapare eller de data som de tränas på.

En stor del av debatten kring AI och arbete har handlat om att kvantifiera effekterna av en ökad AI-användning: hur många jobb försvinner och vilka? Efter hand har debatten nyanserats. AI tar sällan över ett yrke utan snarare vissa arbetsuppgifter och givetvis är det inte så att ny teknik enbart leder till att jobb försvinner, utan nya arbetsuppgifter och möjligheter uppstår också. Hur förändringar slår beror förstås också på vem man tittar på. En extraknäckande student har inte samma behov som en familjeförsörjare.

Lika självklart finns en problematik; de nya uppgifter som nämns (t.ex. chatbottränare) är knappast ersättare för de många uppgifter som försvinner. De förslag till arbetsmarknadsåtgärder

60 Johansson, Jan & Abrahamsson, Lena, '*Det goda arbetet - en obsolet vision eller...*', Arbetsmarknad & Arbetsliv, vol. 13, no. 1, s. 57–76, 2007.

som når oss via den anglosaxiska debatten är dessutom här i Sverige redan etablerade genom välfärdsstaten och dess skyddsnät. Problemet är snarast finansieringen om skattebasen minskar och vinster koncentreras till ett fåtal aktörer. Kort sagt är det inte förvånande att debatten om AI snabbt blir polariserad. Ämnet lämpar sig lika väl för utopier som dystopier – även om det ibland är svårt att veta vad som är en utopi när till och med teknikförespråkarna talar om ökad polarisering och ibland med viss avund ser på mer totalitära regimers tillgång på övervakningsdata för att göda algoritmerna.

Vid sidan om de kvantitativa frågorna finns de kvalitativa, det vill säga hur själva arbetets form och innehåll förändras. Här är det förstås viktigt att slå fast att teknikutvecklingen tveklöst erbjuder stora möjligheter som vi knappast vill avstå från. Samtidigt – för att tala med Klaus Schwabs ord – är tekniken varken värdeneutral eller deterministisk. Den går att påverka, vilket är viktigt att slå fast.[61]

Den positiva berättelsen om AI och arbete brukar utgå från en till synes självklar uppdelning av olika sysslor och den lämpligaste arbetsdelningen mellan människa och maskin. För det första finns det uppgifter som helt kan automatiseras. För det andra finns uppgifter som bäst hanteras av människor. För det tredje finns det sådana där människa och maskin samarbetar. I denna berättelse är det de monotona uppgifterna som automatiseras vilket alla vinner på, då de inte erbjuder den variation i arbetet vi efterfrågar. I gengäld kan människor fokusera på uppgifter som AI inte kan konkurrera om, nämligen de som kräver emotionell eller social kompetens. Det största lyftet finns likväl i den kategori av arbete där människa och maskin samverkar och tillsammans presterar bättre än var och en för sig. Det återkommande exemplet är schackspel, där människor stödda av AI har besegrat rena AI-spelare. Ett mer tillämpat exempel är medicinsk

61 Schwab, Klaus, *The fourth industrial revolution*, Portfolio Penguin, London, 2017

bildanalys, där AI kan ge en läkare ett bättre beslutsunderlag men där läkaren fortfarande är den som ställer diagnosen.

De fullt ut automatiserade arbetsuppgifterna kan förefalla oproblematiska ur arbetsmiljöperspektiv – de är trots allt automatiserade. Likväl bär de ändå på en mörk hemlighet. Påfallande ofta visar de sig nämligen förutsätta mänsklig arbetskraft. De amerikanska forskarna Hamid Ekbia och Bonnie Nardi använder sig av begreppet heteromation för att beskriva detta fenomen.[62] Medan klassisk automatisering verkligen syftade till att lyfta bort människan ur processen menar de att dagens lösningar har en annan logik.

Där automatisering helt tog över arbetsuppgifter kräver heteromation både maskin och människa. Problemet är dock att det är maskinen – eller algoritmen – som står i centrum medan människan abstraheras bort eller osynliggörs. En mer konkret sida av detta är att det osynliga arbetet är obetalt eller lågbetalt. Amazons tjänst *Mechanical Turk* är det mest kända exemplet här, men utgör bara toppen på ett isberg där det under ytan finns många fler varianter av »micro work« (små arbetsinsatser med ringa eller symbolisk ersättning) eller »shadow work« (obetalt arbete, ofta som en konsekvens av att arbetsuppgifter överlämnas till kunden). Paradoxen är att lösningar som är beroende av mänskligt arbete framstår som högteknologiska och automatiserade. Det kan handla om startups som använder människor istället för algoritmer (men döljer dem för slutanvändarna), men också gälla människor som verkar för att sociala robotar ska framstå som sociala. Snarare än att ha automatiserats bort sitter människan kvar med de mest monotona uppgifterna, bara på sämre villkor. Talet om AI blir i vissa fall ett bländverk som får oss att blunda för hur arbetet faktiskt organiseras. Forskaren Antonio Casilli sammanfattar det som att arbetet inte kommer att upphöra, utan tvärtom bli allt mer gränslöst och genomsyra

62 Ekbia, H. R. & Nardi, Bonnie A., *Heteromation, and other stories of computing and capitalism*, MIT Press, Cambridge, 2017

alla våra aktiviteter.[63] En del av denna gränslöshet är också geografisk, en nog så stor del av ovannämnda osynliga arbete utförs i låglöneländer.

I gengäld är associationerna kopplade till människa och maskin mer spännande, där tanken går till cyborger och science fiction. Samtidigt kan det finnas anledning att inte ryckas med. Som den amerikanske teknikexperten Martin Ford skriver, visst kan man tala i bilder om att vi måste »springa med maskinerna« men vi kan torrt konstatera att förr kallades samma sak helt enkelt datorkunskap. [64]Ford betonar att människa/maskin inte med självklarhet är den framgångssaga som vi önskar. För stunden kanske människan är en del av teamet vid schackbrädet eller vid röntgendiagnosen men människans arbete genererar data och som när som helst bli grunden för en ny algoritm, som klarar sig utan henne.

I ett av de centrala verken om datorisering av arbetslivet, *In the Age of the Smart Machine* från 1988, använder Shoshana Zuboff begreppsparet automatisera/informatisera för att beskriva hur datoriseringen skiljer sig från den tidiga industrialiseringen.[65] I båda epokerna sker en automatisering men det som kännetecknar datoriseringen är att det samtidigt skapas data – informatisering – som kan leda till ytterligare optimering och rationalisering. Zuboff konstaterar att arbetarna behöver lära sig hantera dessa data för att förbli relevanta för arbetsgivaren. Vad hon missar är att det inte bara är datorn som skapar data utan även människan och att en allt viktigare del av det moderna arbetslivet är en lika ständig som total övervakning. Idag är möj-

63 Casilli, Antonio A. *Is There a Global Digital Labor Culture? Marginalization of Work, Global Inequalities, and Coloniality.* 2nd symposium of the Project for Advanced Research in Global Communication, Philadelphia, 2016.

64 Ford, Martin, *Rise of the robots: technology and the threat of a jobless future*, Basic Books, New York, 2015

65 Zuboff, Shoshana, *In the age of the smart machine: the future of work and power*, Basic Books, New York, 1988

ligheterna till datainsamling närmast obegränsade, lösningar för att analysera den sociala interaktionen finns och gränserna mellan arbetsliv och privatliv suddas ut även på detta område. Zuboff kompenserar för denna miss i boken *The Age of Surveillance Capitalism* (utkommer på engelska 2019), där hon tar upp vad hon definierar som »övervakningskapitalismen«.[66] Zuboffs tes är att värdet vi skapar inte längre kommer från det egentliga arbetet utan från de beteendedata som kan fångas när vi interagerar med systemen. Farhågan är att detta hotar att förändra grundläggande värderingar kring integritet och autonomi. Kort sagt ett kritiskt perspektiv på att data är den nya oljan.

Valerio De Stefano, professor i arbetsrätt, har skrivit en insiktsfull artikel som tar upp de växande problemen kring integritet i arbetslivet.[67] Utgångspunkten är att det finns en maktobalans mellan arbetsgivare och arbetstagare, som hanteras juridiskt genom arbetsrätten. Utvecklingen inom AI både utmanar och urholkar juridiken på området. Utmaningar är nya organisationsformer – »heteromatisering« – där relationerna blir allt oklarare. Inte minst blir arbetsgivarrollen otydligare när arbetsledningen allt mer litar till algoritmer och *big data*. En annan utmaning är övervakningen i sig, och då inte minst den som knyts till digital HR. Här uppstår också en paradox i den tillitsbaserade styrningen, när tilliten baseras på en minitiuös registrering av våra handlingar och interaktioner med kollegor. Denna utveckling skärper behoven av juridiska ramverk snarare än tvärtom. Arbetsrätten urholkas också av diskussionen kring att maskiner kanske ska få rättigheter. De Stefano menar att förmänskligandet av tingen riskerar att dehumanisera oss. Om roboten Sophia kunde få ett medborgarskap, vad är det då medborgarskapet värt för en människa? Just detta exempel från Saudiarabien är kan-

66 Zuboff, Shoshana, *Das Zeitalter des Überwachungskapitalismus*, Campus Verlag, 2018

67 De Stefano, Valerio, *»Negotiating the algorithm«: Automation, artificial intelligence and labour protection*, EMPLOYMENT Working Paper No. 246, ILO, 2018.

ske främst symboliskt, det blir mer komplext när system som utför uppgifter kan ges juridisk status – var hamnar då ansvaret när exempelvis skador uppstår? Den rättsliga grundvalen för det goda arbetet kan kanske inte längre baseras på arbetsrätten. Istället bör kanske det goda arbetet snarare ses som en del av de mänskliga rättigheterna, i takt med att AI etablerar sig på arbetsplatserna.

Den pressade personalsituationen inom vård och omsorg är helt säkert betjänt av både en automatisering som kan minska omständligt pappersarbete och en robotik som kan minska belastningsskador. Ändå är det viktigt att inte oreflekterat se emotionellt arbete som något »naturligt«. Sociologen Arlie Russell Hochschilds banbrytande *The Managed Heart* från 1983 är en påminnelse om komplexiteten i det emotionella arbetet – och inte minst hur emotionellt arbete förefaller stärka traditionella könsroller.[68] En mer krass påminnelse om de problem som omgärdar emotionellt arbete är lönenivån i de serviceyrken som handlar om kontakt med människor. Här pekar forskningen till och med på en ganska dålig utdelning av högre studier. Samtidigt är det vid det här laget uppenbart att inte heller denna kategori av arbete är fredad från utvecklingen inom AI. Positivt är förstås när omständligt pappersarbete automatiseras och personal kan fokusera på kärnfrågorna. Men det hindrar inte en utveckling mot mer övervakning, minutstyrning eller heteromatisering där vården blir ännu ett »gig«.

Även entreprenörerna i Čapeks pjäs ovan hade de bästa intentioner. Varför skapade de sina robotar? Svaret är att robotarna leder till en effektivisering: »Ingen ska leva i fattigdom. De kommer inte att ha arbeten förstås, men det beror på att det inte finns arbeten. Allt görs av intelligenta maskiner. Människorna behöver bara göra vad de vill göra, de kan leva sina liv för att fulländа sig själva.« Nog finns mer än ett eko av detta när Paul R. Daugherty och H. James Wilson i sin bok *Human + Machine*

68 Hochschild, Arlie Russell, *The managed heart: commercialization of human feeling*, Univ. of California Press, Berkeley, 1983.

skriver: »I många fall frigör AI tid, kreativitet och resurser vilket låter människor arbeta mer som människor, inte som robotar«.[69]

Stanley Kubricks legendariska HAL är numera ett halvsekel gammal och pekar tillsammans med det hundraåriga perspektivet från Čapeks robotar mot att utvecklingen går både fort och långsamt. Dagens modeord, acceleration, för tankarna till 1920-talets futurism och dess beundran för hastigheten. Historien upprepar sig kan det verka, men vi får ge akt så att vissa delar av historien inte behöver upprepa sig. Det goda arbetet är en viktig del av ett stabilt samhälle. Den etiska diskussionen kring AI är viktig men vi får se upp så den inte blir ett alibi, eller ersätter den ekonomiska och politiska diskussionen. För den uppenbara risken är att de universella robotarna – det är vi.

69 Daugherty, Paul R. & Wilson, H. James, *Human + Machine: Reimagining Work in the Age of AI*, Harvard Business Review Press, 2018.

11. AI – mot ett mänskligare eller omänskligare samhälle?

Micael Frideros

Micael Frideros är civilingenjör i industriell ekonomi från Linköpings universitet och har en bakgrund som managementkonsult. Micaels intresse för Artificiell Intelligens väcktes när han läste några universitetskurser inom neurovetenskap och maskininlärning. Sedan dess har Micael fortsatt att studera utvecklingen inom AI, bland annat genom att skriva två magisteruppsatser inom området.

Tanken om artificiell intelligens och självlärande datorprogram är ungefär lika gammal som den moderna datorn. Redan 1950 skrev Alan Turing[70] en artikel om olika strategier för maskininlärning, där han presenterade tankar som är relevanta än idag. Den första generationen artificiell intelligens, »symbolisk« AI, baserades på algoritmer, symboler och linjära samband. Denna algoritmbaserade teknik är mycket kraftfull och passar för många olika tillämpningar, framför allt vid analys av stora mängder data. Samtidigt har symbolisk AI påtagliga begränsningar jämfört med den biologiska hjärnan. Exempelvis har tekniken svårt att hantera undantag och ickelinjära samband, något som den mänskliga hjärnan är relativt bra på.

Utvecklingen av artificiell intelligens har strävat efter att skapa en intelligens mer lik den biologiska. Inom neurovetenskapen är Hebbs regel central: »neuroner som avfyras tillsammans binder tillsammans, neuroner som avfyras i otakt förlorar sin kontakt«. Denna princip ligger även till grund för s.k. neurala nätverk (algoritmer som inspirerats av den mänskliga hjärnans funktion)

70 Turing A.M. *Computing Machinery and Intelligence*, Mind 49, s.433-460, 1950

som numera används inom datavetenskap. Tillsammans med allt kraftfullare datorer och kraftigt ökad mängd tillgängliga data har användandet av neurala nätverk lett till stora genombrott inom artificiell intelligens och tekniken används idag för alltifrån bildigenkänning till optimering av Googles serverhallar och självkörande fordon.

Skillnader mellan artificiell och mänsklig intelligens

Den mänskliga hjärnan är resultatet av miljoner års evolutionär utveckling, där samarbete och socialt samspel varit avgörande för vår arts överlevnad. Detta har medfört att hjärnan med tiden utvecklat specifika funktioner för att underlätta sociala relationer, exempelvis spegelneuroner som möjliggör empati samt funktioner för ansiktsigenkänning[71]. Som jämförelse härstammar matematik och logik från idéer som utvecklats i civilisationer under de senaste 10 000 åren, vår kunskap om cellen som livets byggsten är knappt 200 år gammal och människan har endast kört bil i drygt 100 år. Eftersom det kan ta hundratusentals år för evolutionen att utveckla nya egenskaper är hjärnan fortfarande mer anpassad för socialt samspel än för matematik, logik, ekonomi, biokemi, medicin, diagnostik eller bilkörning.

Vår förståelse för flera av hjärnans mekanismer är än idag ofullständig och förutsättningarna för att återskapa dessa i ett AI-system är därför begränsade. Även om artificiell intelligens blir alltmer människolik saknar AI-tekniken idag fortfarande flera funktioner som är centrala för mänsklig intelligens, medvetande, omdöme och empati. Medan ett AI-system kan lära sig vad som är ett bra svar i en given situation och därmed ge sken av exempelvis medkänsla är verklig empati något annat. För att med trovärdighet kunna säga »jag förstår hur det känns« krävs bland annat en upplevelse av känslor, något som AI idag inte kan. Sammantaget är det därför rimligt att anta att artificiell intelli-

71 Sacks O. *The Man Who Mistock His Whife for a Hat, and Other Clinical Tales*, Summit Books, 1985

gens har större potential att överträffa den mänskliga förmågan inom områden som är relativt nya för oss ur ett evolutionärt perspektiv, exempelvis inom ekonomi, teknik och medicin.

Några lärdomar från AI-utvecklingen och lämpliga tillämpningsområden

Inom AI-utvecklingen finns flera exempel på när ett AI-system misslyckats med kommunikation och social interaktion. Ett exempel är den AI-baserade chat-boten Tay, som kopplades till Twitter. Inom ett dygn började systemet att ge grova hatiska och rasistiska kommentarer och meddelade exempelvis att det hatade feminister och att Hitler haft rätt. Ett annat exempel är en välkänd bildigenkänningsfunktion som till en början kategoriserade många människor med mörk hy som gorillor. Ett fel som utvecklarna nu tycks ha valt att lösa genom att helt ta bort kategorin gorillor[72], för att vara på den säkra sidan.

Båda dessa misstag kan ses som illustrativa exempel på hur viktigt det är att ha kontroll över AI-systemets träningsdata och riskerna med att okritiskt acceptera ett AI-systems svar, utan att först ha verifierat inlärningen. Chat-boten Tay var programmerad att dynamiskt lära sig från sina konversationer och svara de som twittrade på samma sätt. Eftersom många skickade rasistiska meddelanden till Tay lärde sig systemet att svara i en liknande ton. När det gäller bildigenkänningsfunktionen tycks felet bero på att systemets träningsdata inte var representativt för hela mänskligheten och att systemet inte validerades ordentligt innan det sattes i drift.

Även företagens AI-investeringar kan ses som en indikation på svårigheterna med AI-system för socialt samspel och kommunikation. Medan olika former av informationsanalys är det område där flest företag implementerar AI, så är områden som

---

72 Vincent J. *Google 'fixed' its racist algorithm by removing gorillas from its image-labeling tech*, The Verge, 2018, https://www.theverge.com/2018/1/12/16882408/google-racist-gorillas-photo-recognition-algorithm-ai

kommunikation, personalfrågor (HR), legala frågor och inköp de områden där företag använder tekniken minst[73].

Med tanke på AI-systemens sociala svårigheter kan det framstå som motsägelsefullt att det näst vanligaste funktionsområdet för AI är inom kundtjänst. Kanske är det ett uttryck för att företagen anser att kundtjänstens sociala interaktion via chatt och telefon är relativt begränsad. Om så verkligen är fallet framstår dock som osäkert, exempelvis valde aktiemäklaren Nordnet att lägga ner sin AI-kundtjänst Amelia då satsningen inte gav de resultat inom exempelvis kundnöjdhet som företaget räknat med[74].

Sammantaget finns det mycket som talar för att vi med fördel kan använda AI inom områden som ur ett evolutionärt perspektiv är relativt nya för mänskligheten, exempelvis inom ekonomi, matematik, fysik, medicin etc. AI-systemen har redan visat sig överlägsna den mänskliga förmågan inom alltifrån cancerdiagnostik till optimering av serverhallar, områden som inte alls är naturliga för vår hjärna. Samtidigt bör vi kanske vara mer försiktiga med att i närtid förvänta oss stora framsteg inom de områden som är mer naturliga för oss människor, exempelvis inom omvårdnad eller social interaktion.

AI och samhället

När AI blir allt vanligare kan man tänka sig olika scenarier för utvecklingen. Hanterar vi tekniken rätt skulle den kunna leda till ett mänskligare samhälle, där vi använder tekniken för att skapa välstånd för alla. Samtidigt finns det indikationer på att tekniken kan medföra ökade samhällsklyftor och polarisering.

Skapar AI ett mänskligare samhälle?

Traditionellt brukar yrken inom naturvetenskap, juridik, eko-

---

73 Frideros M. *Artificial intelligence – progress in business and society*, 2018, http://urn.kb.se/resolve?urn=urn:nbn:se:bth-16483

74 Rex M. *Nordnet sparkar AI- medarbetaren Amelia*, Dagens Industri, 2018-06-28, https://www.di.se/nyheter/nordnet-sparkar-ai-medarbetaren-amelia/

nomi och teknik ges relativt hög status i samhället, medan humanistiska, estetiska och omvårdande yrken anses som enklare och brukar därför ha lägre status och lön[75]. En förklaring till detta kan vara att yrken med hög status generellt kräver mer abstrakt, komplext och teoretiskt tänkande, något som upplevs som svårare för oss människor eftersom det inte varit naturliga egenskaper för oss under vår hjärnas evolutionära utveckling. Samtidigt har de humanistiska och omvårdande egenskaperna varit centrala för vår utveckling som art och är därför så vanliga idag att de nästintill tas för givna.

Med artificiell intelligens har vi nu tillgång till en intelligens med en kapacitet inom abstrakt, komplex eller teoretisk analys som vida överstiger den mänskliga. Därför är det tänkbart att användandet av artificiell intelligens skulle kunna leda till att vi människor får mer utrymme att ägna oss åt det som vi är bäst på; humanism och medmänsklighet. Om så blir fallet skulle AI kunna bidra till ett varmare och mer omvårdande samhälle, där vi människor fokuserar på att göra det som är mest naturligt för oss och överlåter mycket av det andra till olika former av artificiell intelligens.

Skapar AI ett omänskligare samhälle med ökad polarisering?

Å andra sidan finns det även påtagliga risker att teknikens fördelar endast kommer ett fåtal människor, företag och länder till del. Om så blir fallet skulle det innebära större klyftor både inom och mellan länder.

Ett tydligt exempel på AI-teknik som sannolikt bidrar till ökad polarisering är militär AI. Om AI utvecklas till autonoma militära system skulle det potentiellt kunna förändra globala maktbalanser och leda till ökad global kapprustning. Dessutom kan det finnas en risk för att trösklarna för militära konflikter blir lägre när det inte längre krävs soldater för att starta ett krig.

Ett annat exempel är om ett fåtal företag eller länder dominerar utvecklingen av artificiell intelligens. Hittills är det många

75 Ulfsdotter Eriksson Y., Flisbäck M. *Yrkesstatus: Erfarenhet, identitet och erkännande*, Liber, 2011

företag som ännu inte börjat med att implementera AI, samtidigt som undersökningar visar att de företag som har en helhjärtad AI-strategi generellt rapporterar en högre vinstmarginal än konkurrenterna[76]. Vidare räknar 75 procent av företagen som implementerat artificiell intelligens med att tekniken kommer att ge dem ett övertag på marknaden och möjliggöra etableringar på nya marknader. Amazons dagligvarubutik Amazon Go och Teslas planer på en bildelningstjänst för självkörande bilar är några exempel på hur företag experimenterar med AI-teknik för att konkurrera på nya marknader.

I en analys av AI-teknikens påverkan på den globala ekonomin kom McKinsey Global Institute fram till att ökad användning av dagens teknik, baserad på neurala nätverk, sannolikt kommer leda till en ökad global årlig tillväxt på i genomsnitt 1,2 procentenheter fram till 2030[77]. Utvecklingen antas inte vara jämnt fördelad över hela perioden, utan beräknas starta mycket sakta för att sedan accelerera i en s-formad kurva.

En genomsnittlig ökad årlig tillväxt på 1,2 procentenheter kan jämföras med tidigare teknikskiften. Exempelvis anses ångmaskinen ha medfört 0,3 procentenheter ökad tillväxttakt mellan 1850 och 1910, medan övergången till automatiserad tillverkning ökat den globala ekonomin med 0,4 procentenheter per år. Introduktionerna av IT och bredbandskommunikation beräknas vardera medfört tillväxtökningar i den globala ekonomin på 0,6 procentenheter per år[78].

---

76 Frideros M. 2018.

77 Bughin J., Seong J., Manyika J., Chui M., & Joshi R. *Notes from the AI frontier: Modeling the impact of AI on the world economy*, McKinsey Global Institute, 2018, https://www.mckinsey.com/featured-insights/artificial-intelligence/notes-from-the-ai-frontier-modeling-the-impact-of-ai-on-the-world-economy

78 Manyika J., Chui M.,Miremadi M., Bughin J., George K., Willmott P. & Dewhurst M. *A future that works: Automation, employment and productivity,* McKinsey Global Institute, 2017, https://www.mckinsey.com/featured-insights/digital-disruption/harnessing-automation-for-a-future-that-works

McKinseys analys indikerar med andra ord att AI-teknikens ekonomiska förändringspotential, räknat som ökning i global BNP-tillväxt per år, är dubbelt så stor som exempelvis IT-teknik eller bredbandskommunikation. Om denna tillväxt koncentreras till ett fåtal företag och regioner kommer det sannolikt att leda till utslagning och till att ett fåtal företag från ett fåtal länder dominerar flera branscher.

Oron för att kombinationen av kraftfull AI-teknik och marknadskrafter ska leda till arbetslöshet och ökad polarisering inom och mellan samhällen delas av många bedömare. Exempelvis skriver Furman et al. i en rapport till USA:s dåvarande president Barack Obama:

»*AI-driven automation is setting off labor-market disruption and adjustment. Economic theory suggests that there must be gains from innovations, or they would not be adopted. Market forces alone, however, will not ensure that the financial benefits from innovations are broadly shared.*[79]«

Till sist

Med all teknikutveckling följer både utmaningar och möjligheter och ju kraftfullare teknik, desto större är både möjligheterna och utmaningarna. Detta är särskilt sant för artificiell intelligens, en teknik med fantastisk potential och samtidigt med betydande risker. Det är därför upp till oss att ingående diskutera hur vi på bästa sätt ska använda tekniken för maximal nytta, samtidigt som riskerna minimeras och teknikens fördelar kommer oss alla till del.

79 Furman J., Holdren J.P., Muñoz C., Smith M. & Zients J. *Artificial Intelligence, Automation, and the Economy*, Executive office of the President, 2016, s.12, https://obamawhitehouse.archives.gov/sites/whitehouse.gov/files/documents/Artificial-Intelligence-Automation-Economy.PDF

12. Sjyst AI och normativ design

Av: Stefan Larsson
Stefan Larsson är jurist, dr. i rättssociologi och docent i teknik och social förändring på LTH, Lunds universitet samt programchef för Digitala samhället, tankesmedjan Fores.

Om AI och samhälle

När artificiell intelligens blir vardagligt applicerad i samhället – på konsumentmarknader, i sjukvården, trafiken och på digitala plattformar – väcks helt avgörande frågor kring hur ansvar bör fördelas och vilka normer som bör styra. I ljuset av AI som en lärande teknologi som interagerar med människor och sociala strukturer blir det också centralt att förstå vilka normer och värderingar som reproduceras av de autonoma processerna själva. Den här essän visar på några centrala rättsliga och rättssociologiska frågeställningar i gränslandet AI och samhälle, där normer och normativitet har visat sig vara en lika nödvändig som evigt svårhanterlig fråga för alla samhällen, speciellt aktualiserad i tider av snabb teknikmedierad förändring.

Sjyst AI

Vad är rättvisa? Hur ska ett samhälle formulera vad som är sjyst? – eller snarar juste, som är mer tydligt etymologiskt kopplat till latinets *ius*, rätt. Frågan är central för alla samhällen, påtagligt i historiska källor i allt från Hammurabis gammalbabylonska lagar till Platons dialoger, i den romerska rätten, via tänkare som Friedrich Nietzsche, Max Weber och Emile Durkheim och fram till dagens rättsordningar. Hur rättvisa balanseras och definieras är en fråga som ständigt behöver närvara, gnuggas och åter och åter ställas i relation till teknologiska förutsättningar, sociala normer och ideologier. Vilken etik, vilka normer bör gälla?

Teknikskiften, vet vi, kan vara så stora och samhällspåverkande att de tämligen drastiskt organiserar om balanser och maktförhållanden i ett samhälle så att de rentav kräver nya sätt att förstå rättvisa. Johann Gutenbergs teknik för boktryckeri bidrog till en samhällsomdanande upplysning och ny masskommunicerande världsordning. Industrialiseringen tecknade senare om de europeiska förutsättningarna att gå från feodala strukturer till stater och – ofta – demokratier. Folkets normer tilläts – krävdes – få påverka rättsordningarna. Nu digitaliseras vår värld, samhället vi lever i, med oändliga mängder information inom räckhåll. Med data om individernas alla förehavanden kan vi – eller den aktör som positionerar sig till att förvalta informationen – lära sig mänsklighetens beteenden i detalj. Också detta teknikskifte stuvar om, det möjliggör nya ordningar och omöjliggör andra.

Maskininlärning och artificiell intelligens – som teknikskifte – kommer med en betydelse och kvalitet vi inte har sett förut. Tingen lär sig. Maskinerna får agens, blir alltmer självständiga och beslutsföra. De reproducerar och förstärker redan befintliga sociala strukturer när de sätts att interagera med våra vanor, bilder och språk. Och de smyger sig in – på grund av den potential de har för det redan etablerade att effektivisera, individualisera och robotisera – i samhällenas, marknadernas och individernas vardag: i medicinskt diagnosställande, i kreditvärderingar, i nyhetsdistribution, i polisiära metoder, i riktad reklam, i försäkringsbolagens riskbedömningar, i spamfiltren, i bedrägeriförsöken, i aktiehandeln, i musikrekommendationerna, i jobberbjudandena och i fordonen.

Under detta löfte om ökade intäkter, effektivisering och individuell relevans finns en uppenbar – men ändå i sina kodade detaljer – dold strävan efter att se in i framtiden. Att prediktera. Att analytiskt sannolikhetsbedöma händelser som ännu inte har hänt. Vilket beteende är mest sannolikt? Hur förbättras det individuella kunderbjudandet? Vilken diagnos är troligast? Vilka polisiära resurser ska läggas var? Vem kommer att betala tillbaka ett lån; vem kommer att skada sig; vilken är din livslängd?

Sjystheten ställer en svår fråga: hur förhåller man sig rättvist i en tvist om en analytisk framtid?

Vilken transparens behövs för att säkerställa att bedömningen är rimlig? Vilken förklarbarhet behövs för att vi ska känna tillit för den bedömning som gjorts? Frågan säger något om maskininlärningens konservativa sida, dess beroende av en gyllene standard att jämföra med, en databas som definierar korrekta beslut att lära från. Frågan ställer också krav på att förstå mer av vad denna automation ger, eller snarare hur tingens och kodens *autonoma* beslut påverkar olika intressen. När maskinerna får agens behöver vi diskutera behovet av transparens än mer. I vilken grad, för vilka parter och när behövs mer eller mindre transparens, bättre förklaringar, mer insyn och tillsyn? Vilket ansvar har den som skapar agens för vad agenten producerar? Ett strikt? Men om agenten förändras genom den eller de som den interagerar med? Hur långt och länge kan ett strikt ansvar sträckas? Ska utvecklaren av ansiktsigenkänning stå till svars för alla efterföljande användningsområden? Inga? Några?

Om vi förutsätter att samhällen innehåller värderingar, sociala normer och kulturer: Vad är det som reproduceras när autonoma processer lär sig av samhällets strukturer? Vad är en sjyst AI? Hur vet vi – hur ser och förstår vi – att den är sjyst när utfallet är en automatiserad sannolikhetsbedömning? Och hur ska dess sjysthet säkerställas i relation till ett samhälle som i sig innehåller skevheter? Är partiskt. Filtrerat i bubblor. Ojämnt maktfördelat. Ojämlikt. Ojämställt. Där stigberoende i både språk och strukturer låser oss till ett kulturellt och konceptuellt arv när vi försöker förstå nya fenomen. Hur säkerställer vi att våra traditionella sätt att förstå inte hindrar oss från att anamma potentialen i det nya? Eller vara blinda för dess risker? Att gamla metaforer inte står i vägen för bättre fungerande förståelser?[80] Och mer teknikförankrat, detaljerat: hur vet vi att underliggande

80 För betydelsen av *hur* vi förstår digitala fenomen för deras reglering, se Larsson (2017) *Conceptions in the Code. How Metaphors Explain Legal Challenges in Digital Times*. Oxford University Press.

träningsdata är lämplig för sitt ändamål? Hur säkerställer vi att designen inte främst reproducerar de värden som dess skapare representerar?

Neutrality lost – när ingen neutral position är möjlig

En oundviklig fråga för den part som designar tjänster som tränas upp på samhällets inneboende strukturella värderingar och förhållanden blir hur samhällelig bias ska hanteras. Forskargrupper av olika slag har uppmärksammat utmaningen:[81] Ska man reproducera världen som den är eller som man eftersträvar att den ska vara? Och vems framtidsvilja avser man?

Det finns rimligen flera algoritmberoende sammanhang som leder till automatiserade *normativa* beslut och som därmed behöver behandlas som just normativa. Hur hanterar man normer och normativitet när man har att göra med en självlärande applikation? Försöker man, som varit vanligt för vissa typer av digitala intermediärer, hävda neutralitet i stil med utsagor om att »vi är *bara* en plattform« och därmed riskera att inte bara reproducera samhällelig bias utan även bidra till den och förstärka den?[82] När bör man ta ansvar, göra normativa ställningstaganden och genom sin design av automatiserade processer motverka samhällelig bias? Svaret är sällan givet. Men allt fler pekar på vikten av ansvarserkännande och tydlighet i ansvarsfördelning i användandet av AI.

Styrkan med »bara en plattform«-argumentet är att man kan undvika oerhört svåra och rimligen konfliktfyllda beslut och låta teknisk och mjukvarurelaterad expertis försöka optimera de system man bygger. Svagheten ligger i att man undviker en kart-

81 Se exempelvis Zou & Schiebingers kommentar i *Nature* (18 juli 2018): »AI can be sexist and racist — it's time to make it fair«.

82 Se Larsson (2019) »Sju nyanser av transparens: Om artificiell intelligens och ansvaret för digitala plattformars samhällspåverkan,« i Andersson Schwarz, J. & Larsson, S. (red.) *Plattformssamhället. Den digitala utvecklingens politik, innovation och reglering.* Stockholm: Fores.

läggning av de oetiska konsekvenser som kan uppstå, d.v.s. att göra en dålig riskbedömning, och – inte minst – att man riskerar att bygga klandervärda system som diskriminerar och bidrar till samhällets obalanserade strukturer, eller rakt av inte fungerar som tänkt. Och insatsen kan vara stor. Sociala medieplattformar beskylls för att ha en roll i att manipulera politiska val och undergräva demokratiska strukturer; straffvärderingssystem riskerar att bidra till längre fängelsestraff baserade på ovidkommande grunder; medicinskt diagnosställande och autonoma fordon riskerar att döda människor.

Det finns en växande insikt i designsammanhang, indikerat i IEEE-rapporten *Ethically Aligned Design*[83] eller i rapporter från forskningsinstitutet AI Now – att kulturella värderingar och samhällelig bias ofrånkomligen inryms i de data som relaterar till individer som därmed måste hanteras ansvarsfullt. Samtidigt kan man från ett rättssociologiskt perspektiv konstatera att det inte är någon enkel sak eller finns någon »snabbfix« att hantera normativa ställningstaganden. I avsaknad av en neutral position kommer fler AI-utvecklare ofrånkomligen att nödgas ta normativ ställning i frågor de troligen skulle vilja undvika. Det stärker argumentet om att ingenjörsutbildningar om AI, bildanalys och algoritmer behöver inkludera ansvarsfrågor i relation till samhälleliga eller etiska konsekvenser av den design de lär sig utveckla och applicera.

En databas med bias skulle kunna vara deskriptivt korrekt, d.v.s. beskriva samhället som det är med dess befintliga ojämställdhet, vare sig det gäller mellan kön eller andra grupper. Men den design som reproducerar och »lär sig« baserat på dessa förhållanden utvecklar en aktiv agens i förhållande till den befintliga ojämställdheten. Den ser mönstret och reproducerar det. Bidrar till dess spridning. Förstärker det.

Den som designar måste därmed ta ställning normativt om den vill bidra till ojämställdheten eller motverka den. Det finns

83 IEEE (2018). *Ethically Aligned Design. A vision for prioritizing human well-being with autonomous and intelligent systems*. Version 2.

för många applikationer därmed inte längre någon neutral position eftersom båda alternativen kan kräva kontroversiella ställningstaganden av normativ karaktär. Att reproducera bias och diskriminering kan vara klandervärt – man *borde* motverka – likväl som att motverka kommer att ställa en inför normativa avvägningsutmaningar – vilken balans är egentligen den rätta och vad ger det för andra effekter i ett senare skede? Brist på möjlig neutral position leder till att ett val av normer behöver göras. Ett svårt val, kan det visa sig.

Om normer och kontextualitet

En artificiell intelligens med förmågor att inte bara härma beteende och språkliga konventioner utan även med potential att själv utgöra en autonom aktör med normativ agens kommer att behöva välja normer att lära av. Val av normer är inte nödvändigtvis någon enkel fråga, även om man identifierat att AI-designen är normativ. Nämnda rapport från IEEE konstaterar också detta, där de har samlat några av de mest kompetenta personerna på området för etik och autonoma och intelligenta system. Man konstaterar att om maskiner interagerar med en mänsklig »community« som autonoma agenter förväntas dessa agenter att följa de sociala och moraliska normerna i denna community.[84] Ett nödvändigt steg, därmed, för att möjliggöra detta för maskiner är att identifiera dessa normer. Men – frågade man sig helt riktigt – vilka normer?

Också destruktiva och våldsbejakande gruppers normer erbjuder »lärande« för autonoma intelligenser, vilket visar på komplexiteten och det kunskapsbehov om normer som autonom teknologi väcker. Ett exempel – nämnt på fler ställen i den här antologin – i linje med den här problematiken är den självlärande Twitterbotten Tay, som släpptes ut av Microsoft i mars 2016, och inom loppet av några timmar uttryckte rasistiska, antisemitiska och kvinnoförnedrande tweets för att sedan stängas ned av sin

84 IEEE, 2018, s. 36.

skapare. Samtidigt har rimligen experimentet inneburit ett lärande för botutvecklingen, där frågor om att filtrera språk och göra normativa ställningstaganden är en del av diskussionen.

Vid val av normer kan man konstatera att den nedtecknade lagstiftningen kan vara enklare att utröna (men inte alltid) än sociala och informella normer. Och återigen lär den rättssociologiska forskningen oss att relationen mellan lagstiftning och samhälle är en långt mer komplex relation än vad ett striktare dogmatiskt perspektiv på juridik ofta låter hävda. Det finns inte bara gränser för vad lagstiftning kan mäkta med att reglera, vilket den amerikanske rättsvetaren Roscoe Pound beskrev redan 1917, men människornas beteende och förväntningar på vad som betraktas som rätt och fel, exempelvis i trafiken, är dessutom långt ifrån någon direkt översättning av lagen, exempelvis trafikregleringen. Lagstiftning är dessutom svår att dra slutsatser från om man inte vet något om processen som aktualiserar lagen – vem får klaga/överklaga, vem dömer och vilka blir domens konsekvenser? Vissa lagar säger inte ens någon nämnvärt i sig själv utan har nästan allt sitt normativa innehåll definierat i praxis, d.v.s. i prövningarna av lagstiftningen. Det är där detaljerna mejslas ut, oavsett hur välmenande et knippe principer kan se ut att vara.

Vidare kommer insikten om normativ *kontextualitet* att vara viktig för utvecklingen av självlärande artificiella intelligenser, och det kommer uppstå situationer där olika gruppers normer kommer att kollidera och behöva jämkas. Eller, situationerna är redan här. Facebooks innehållsmoderering, för att ta ett exempel, som använder sig av både mänskliga granskares bedömningar, användarflaggning och AI-verktyg, behöver ideligen jämka mellan alla de rättsordningar och kulturella normer som deras över två miljarder användare utgår från. Det är inte *en* community. Och kontexterna befinner sig ofta i konflikt, normativt, om vilken typ av nakenhet som är okej att visa upp, vilken typ av kunskap som bör få spridas och rentav vilken typ av information som bör räknas som faktabaserad kunskap. Vad som är hatfylld propaganda och vad som är åsikter som ska vara fria att uttrycka. Samma utmaning finns i modereringen av YouTubes uppemot två miljarder användare där 400-500 timmar material laddas upp varje minut. Skalan och snabbheten kräver automatiserad implementering av policy jämte annan, trögare, mänsklig granskning. Vilket åter pekar på ansvarsfrågan, här specifikt för de digitala plattformarnas moderering.[85] Modereringen, tycks det, har blivit en kärna för vad det är plattformarna erbjuder.[86] Eller, annorlunda uttryckt, *måste* erbjuda, givet den samhällsroll de har kommit att spela. Och AI är en del av verktyget i den normativa verksamheten.

Slutsats: normativ design

Även om tidslinjerna ser olika ut på olika områden ser utvecklingen ut att gå mot att artificiell intelligens, framför allt maskininlärning, kan ses som en förvisso matematiskt sofistikerad men ändå högst *vardaglig* företeelse, i konstant interaktion på områden med funktioner som är fundamentalt viktiga för samhället. Vår världsbild kureras i sociala medier, diagnoser underbyggs i sjukvården; värdering av kredit, skaderisk och livslängd inkorporeras i bankers och försäkringsbolags metoder; »personalisering« erbjuds i tjänster och prissättning även från storskaliga plattformsaktörer i både digital och fysisk handel som på samma gång kan skapa betydande individuell kundrelevans *och* potentiellt oöverblickbar kapacitet till strukturell diskriminering utan möjligheter till insyn och extern granskning.

Riskerna behöver tecknas tydligare och fler typer av kompetenser behövs i de datavetenskapliga och matematiska designmiljöerna. Vilka data som används och vad den representerar avgör mycket. Maskininlärningens konservativa sida tydliggörs i dess beroende av tillgängliga och etablerade databaser, som riskerar

85 För en utveckling, se Larsson (2018).

86 Se exv. Gillespie (2018) *Custodians of the Internet: Platforms, content moderation, and the hidden decisions that shape social media*. Yale University Press.

att utgå från historiska värderingar. Vidare, eftersom samhällets strukturer redan bär på bias, partiskhet och intressekonflikter, kommer den intelligens som interagerar med samhället och lär sig från det, också att färgas, reproducera och möjligen förstärka dessa strukturer. I förlängningen blir designen normativ, och frågan om ansvar riktas mot den som designar, både för oväntade olyckliga utfall men också för svårlösta normativa val som uppstår när ingen neutral position längre är möjlig: vilka normer ska gälla, vad är sjyst AI, vad vore rättvist?

Det är svåra frågor, men nödvändiga, och i kontinuerlig rörelse. Principiella förhållningssätt behöver tydliggöras. Samtidigt är principer inget värt utan en utvecklad process för deras tillämpning. Det rättsordningarnas utveckling lär oss genom historien, genom de teknologiska innovationernas samhälleliga utbredning, är att rättvisa – den formaliserade sjystheten – är en föränderlig organism i ständigt samspel med kulturer, teknologier och marknader – och att den behöver sin process. Sjysthet är ingen historisk seger, det är en evig kamp. Som nu tar plats i utvecklingen av artificiell intelligens.

13. *Människor som förstärks av algoritmer*

Helena Blackbright
Helena Blackbright doktorerar i innovationsledning vid Mälardalens högskola och arbetar som projektledare på Automation Region.

Den algoritmiska människan

Det är dags nu. Att forma den algoritmiska människan som i sin tur kommer att forma vad det innebär att vara människa i framtiden – du, jag och alla andra i vår förstärkta form.

För mig är det en självklar tanke att vi från och med nu i allt högre grad kommer att använda algoritmer[87] för att förstärka oss. Jag skulle till och med vilja påstå att de flesta av oss är algoritmiskt förstärkta redan nu, på ett eller annat sätt. Men det är bara början och för mig är det dessutom självklart att den algoritmiska förstärkningen av oss kommer att vara en så tätt integrerad del i vår existens att den kommer att vara en oskiljbar del av oss som individer. Det kommer att innebära en omformering av oss som sannolikt kommer att förändra både vad det innebär att vara människa och hur vi definierar oss själva som individer. Vill vi vara säkra på att det blir en förändring som kommer att

87 Jag har valt att använda begreppet ’algoritmiskt förstärkt’ istället för ’AI-förstärkt’ av två anledningar; dels för att det är så enormt svårt att dra en absolut gräns mellan vad som är artificiellt och naturligt, dels för att det på ett liknande sätt är väldigt svårt att dra gränsen mellan vad som är intelligent och vad som till synes *verkar* intelligent. På det sättet väljer jag alltså att undvika diskussionen om hur artificiell intelligens ska definieras och begreppets gransdragningar eftersom det är en tvärvetenskaplig diskussion som ensamt kräver mer uppmärksamhet än vad vi har utrymme att ge den i den här texten.

vara bra för oss så behöver vi vara aktiva i utformningen av den algoritmiska människan.

Mänsklighetens hittills viktigaste utmaning?

Det innebär att vi, just i detta nu, står inför den kanske viktigaste utmaningen som mänskligheten *någonsin* har stått inför: Att utforma det AI och dess tillämpningar som, inte bara kommer, utan redan har börjat omforma vilka vi är och vad vi kommer att vara i framtiden. Sett ur ett evolutionärt perspektiv är det sannolikt dessutom helt irrelevant om följderna av det vi utvecklar blir bra eller dåligt för oss som människor[88]. Därför behöver vi själva ta ett väldigt aktivt ansvar för att skapa en riktning som ger oss så bra förutsättningar som möjligt för att det som kommer ska bli bra för oss. Ett aktivt ansvar betyder inte att vi alla ska byta profession och sluta som reportrar, telefonister, läkare, förskollärare eller vad vi nu ägnar vår tid åt för att istället ta jobb i något AI-labb. Inte alls. Max Tegmark formulerar det på ett fantastiskt bra sätt på den allra sista sidan i sin bok *Liv 3.0* när han slår fast att vår makt att förändra morgondagen tar sig många olika uttryck. Vi kan förstås rösta på de politiker som vi vill ska företräda oss. Men, som han uttrycker det »… du röstar också varje dag via vad du väljer att köpa, vilka nyheter du väljer att konsumera, vad du väljer att dela med dig av och vilken sorts förebild du väljer att vara.«[89] Jag kan inte mer än hålla med och menar att vi inte bara röstar – vi är alla deltagare i en innovationsprocess som inte bara avgör hur vår framtid kommer att se ut, utan också vad och vilka vi kommer att vara i framtiden.

88 »… whether this digital utopianism is good or dangerous for us is another question entirely, probably irrelevant from the perspective of natural evolution, which ignores the needs and desires of its creatures.« Spännande läsning som även den är hämtad ur Havlíks artikel från 2018 och som på ett någorlunda lättillgängligt sätt tvingar en att sträcka sina tankegångar ett extra varv – rekommenderas för den som är intresserad och (vågar?) kan tänka sig att ta ett filosofiskt perspektiv på sin egen samtid.

89 Tegmark, M., *Liv 3.0,* Volante, Stockholm, 2017, sid. 447

En game-changer: Påverkansbar, men inte förutsägbar

Sett ur ett innovationsperspektiv befinner vi oss just nu i en tidig, men likafullt pågående AI-driven transitionsfas som sakta, sakta startade för mer än sextio år sedan. Utvecklingen har till och från stannat av men har i alla fall tillfälligt, tagit fart igen. Utvecklingen befinner sig fortfarande i vad man brukar kalla för en flytande fas där inga fasta strukturer ännu tagit form och stabiliserat sig. Ingen dominant design har vuxit fram och fått fäste. Än så länge finns ingen dyr infrastruktur som måste justeras och förändras om man vill föra in nya lösningar i systemet. Tillsammans ger det en spännande och dynamisk fas där det fortfarande är förhållandevis enkelt att introducera helt nya lösningar som kan få stort genomslag. Användningen och utvecklingen är fortfarande ekonomiskt riskfylld, dyr, ostrukturerad och svårtillgänglig för den stora massan eftersom olika systemaktörer inte kopplats samman i effektiva strukturer. Men det innebär också att det fortfarande är förhållandevis lätt att förändra både det värdeskapande innehållet och processerna för hur vi tillhandahåller och tillgodogör oss det värde som skapas. Det finns än så länge ingen norm för algoritmisk förstärkning av oss människor, vad det är eller hur man gör. Längre fram, när vi passerat de tidiga utvecklingsstegen, blir strukturerna effektivare, standardiserade, mer allmänt tillgängliga och involverar fler. Det gör produktion och tillhandahållande effektivare och billigare men det skapar också mer rigida strukturer som är svårare att förändra. Just nu befinner vi oss i en fas där radikala innovationer formas och får fäste. Så det är nu vi behöver formge det som kommer att utgöra basen för väldigt många års efterföljande utveckling. Tillsammans kommer det utan tvekan att förändra vår tillvaro, hur vi lever och hur vi definierar oss. Det här är en spännande och dynamisk fas med enorma möjligheter, men eftersom det också en fas som saknar stabilitet krävs ett annat förhållningssätt än när vi utvecklar mindre radikala lösningar. Här måste vi både utveckla det nya, hantera de spänningar som uppstår i förhållande till gamla systemstrukturer och ta hänsyn till framtida konsekvenser av något som vi ännu inte vet vad det är.

Risker och medveten optimism

Det har antagligen inte undgått någon att det pågår en omfattande, och väldigt viktig, diskussion om hur avancerade algoritmiska system medvetet används för att utnyttja och manipulera människor. Det finns utan tvekan en omfattande problematik kring användandet av algoritmer som vi behöver adressera. Till exempel gjorde Facebook-skandalen med Cambridge Analytica i spetsen det tydligt hur information från vardagliga användningsområden, som en social plattform kan skada demokratin om den används på fel sätt. Men även då det inte finns några dåliga avsikter, resulterar naivitet och okunskap i att algoritmerna i vardagen skadar oss och samhälle. Anledningen är att de algoritmer vi använder speglar och förstärker det mänskliga beteendet – både det som är bra och det som är dåligt. Att inte förebygga dåliga beteenden som rasism, sexism och olika former av diskriminering är alltid ett problem. Men när de förstärks av supereffektiva algoritmer är det inte bara naivt utan också rent farligt. Precis som i samhället i stort finns det många svåra problem som måste hanteras när vi utvecklar och använder algoritmiska system.

Men jag anser också att vi har ett ansvar i att inte bli så paralyserade av riskerna att vi ignorerar hur vi kan styra utvecklingen av algoritmiska system och artificiell intelligens i en riktning som skapar något bättre. Det är antagligen inte i domedagsdiskussionen som vi kommer att lägga grunden för en bra framtid. Vi har alla har en skyldighet att förhålla oss *medvetet optimistiska* till en framtid vi delar med algoritmiska system och artificiell intelligens. En medvetet optimistisk förväntan på att framtiden kommer att bli fantastiskt bra om vi planerar noggrant och anstränger oss för att förverkliga den. Därför kommer jag att lägga diskussionen om risker kopplade till algoritmiska system med allmän och generell AI åt sidan i den här texten. Mitt fokus kommer istället att handla om hur vi kan använda algoritmiska system för att förstärka oss. Syftet är inte att diskutera hur vi kan undvika problem utan att diskutera vad vi vill uppnå. För att sedan kunna våra mål kommer vi förstås att vara tvungna att hantera en mängd mycket kvalificerade problem - men här vill jag för en stund skjuta den diskussionen åt sidan. Så låt oss tillsammans ägna en stund åt vad vi kan göra redan idag och fundera på vad vi kan förvänta oss av framtiden. Avslutningsvis kommer jag kort att diskutera vad jag tror skiljer en bra förstärkning från en dålig.

Redan förstärkta

De flesta av oss kan faktiskt, i allra högsta grad, anses algoritmiskt förstärkta redan nu. Vi använder och interagerar dagligen med algoritmer på ett så självklart och rutinmässigt sätt att vi inte ens reflekterar över hur de frigör kapacitet åt oss. Algoritmerna är i så hög grad en del av vår vardag och våra professioner att det nästan är svårt att välja exempel, eftersom varje exempel på sätt och vis innebär utelämnandet av ett annat. Men de finns där i vår vardag, både som del av våra enklaste vardagssysslor och våra mest avancerade uppgifter i våra professioner. De finns i sökmotorer när vi letar nya skor, och när vi söker vetenskapliga artiklar. De sorterar information, letar mönster och avvikelser när vi vill upptäcka vad våra kunder är intresserade av, men hjälper oss också att diagnostisera svåra sjukdomar som cancer och lunginflammation. De rekommenderar och ger tips på sånt vi kan tänkas vara intresserade av baserat på det dataspår vi lämnar efter oss. De stödjer oss i vårt görande när vi kör bil och hjälper oss att hålla koll på både vår egen fysik och bilens behov av underhåll och service.

Underlättar och avlastar

När vi jobbar med algoritmer som är placerade utanför oss på det här sättet känns det kanske mer som det är något vi *använder* än något som *förstärker* oss. Men visst är det bortom all tvekan så att de, åtminstone *kan,* förstärka våra förmågor. Ibland tar de hand om ett delmoment i en större process, ökar effektiviteten och hjälper oss att frigöra kapacitet till mer prioriterade uppgifter än att t.ex. samla och sammanställa stora mängder information. Men allt oftare är algoritmerna mer kapabla än oss. De är bättre på att diagnostisera svåra sjukdomstillstånd, spela schack, analysera och se mönster i stora datamängder. Det finns otaliga exempel på områden där algoritmerna klarar en uppgift bättre eller snabbare än oss. Uppgifter som tidigare krävde specialister blir tillgängliga för fler och uppgifter som tidigare tog oss timmar och dagar går nu på sekunder. Fortfarande är det bara en förstärkning på basnivå men med fantastiska möjligheter om vi använder dem rätt. Jag är positiv till den här typen av förstärkning så länge den ger människan mer utrymme till aktivt agerande, reflektion och tänkande men tycker att det är viktigt att det inte blir passiviserande.

Integrerade: när vi blir en del av gränssnittet

Förutom användandet av algoritmer som gör något åt oss, eller parallellt *med* oss, finns en tydlig ökning av en mer spännande interaktion med algoritmiska system där vi själva i allt högre utsträckning utgör en del av gränssnittet. Tillämpningar där algoritmerna är en brygga mellan en fysisk person och en icke mänsklig enhet. En del används för att förstärka befintliga fysiska förmågor och andra för att ersätta eller komplettera fysiska förmågor som av någon anledning är nedsatta eller saknas. Redan nu kan vi till exempel få fysisk förstärkning genom att använda externa, så kallade exoskelett där en person genom att klä på sig ett yttre »skelett« får extra fysisk styrka och stadga. Även i naturen finns det exoskelett. Kräftan som bär sitt skelett som skydd på utsidan av kroppen är ett exempel på ett sådant biologiskt exoskelett. Vissa artificiella exoskelett läser av och förstärker rörelser hos personen som har det på sig och kan avlasta i tunga lyft för att minska risken för belastningsskador. Andra används som stöd i rehabiliteringsträning efter en hjärnblödning, för att förstärka grepp hos personer med nedsatt handstyrka eller som gånghjälpmedel för människor som normalt sett behöver använda rullstol för att ta sig fram[90]. Funktioner som både skyddar och förstärker vår ganska sköra fysiska existens.

Här finns användningsområden som skapar ökad jämställdhet, ger självständighet och möjliggör ökad delaktighet för den som har en försvagad fysik. Men här finns också möjligheter att sträcka gränserna för vad vi människor kan göra i våra ganska ömtåliga kroppar. Det är förstås fantastiskt att vi kan få hjälp att gå igen om vi skadat oss så illa att vi inte längre kan gå. Men kanske kan varianter på externa skelett användas för att helt undvika att vi skadar oss när vi kör motorcykel, snowboard eller friklättrar? Eller varför inte bara njuta av att kunna ta på sig ett exoskelett och med lätthet bära in den nyinköpta tvättmaskinen till badrummet på andra våningen? Vi kan i alla fall vara helt säkra på att det inte kommer saknas möjliga användningsområden.

Neurologisk integration

Den armprotes som helt styrs med hjälp av sensorer som läser av bärarens neurologiska signaler tar ytterligare ett steg i graden av integration mellan det icke-mänskliga och det mänskliga. Resultatet är en robotarm med finmotorik som tycks nära nog likvärdig en biologisk arm där armen hämtar sina styrsignaler direkt från bärarens hjärna[91]. Här känns det som om användningen på allvar tagit steget från science fiction till science reality. Som i ett slag blir plötsligt alla handhållna kontrollenheter förlegade.

---

90 Knight, Will, 'The Exoskeletons Are Coming' *MIT Technology Review [webpage]*, 15 July 2016 https://www.technologyreview.com/s/539251/the-exoskeletons-are-coming/, besökt 23 Augusti 2018.

91 Gohd, Chelsea, 'Florida Man Becomes First Person to Live With Advanced Mind-Controlled Robotic Arm', *Futurism [webpage]*, 3 February 2018, https://futurism.com/mind-controlled-robotic-arm-johnny-matheny/, besökt 23 Augusti 2018.

Tänk er all form av virtuella miljöer där vi skulle kunna navigera neuralt – i spelmiljöer, men också i övningsmiljöer, simulatorer, mötesmiljöer och konstruktionsmiljöer. Vilken skillnad både i själva utövandet men också i interaktionen med andra i ett visuellt möte där vårt naturliga kroppsspråk finns bevarat även i digitala situationer. Eller vilka fantastiska fördelar när vi vill utföra något på distans, när en kirurg eller musiker kan använda sina händer på samma sätt för att styra ett instrument oavsett var det befinner sig.

Både protesen och det utvändiga skelettet läser av signaler *från* människan och använder dem som indata för att styra en icke mänsklig enhet och integrera den med sin bärare. I fallet med protesen ger det funktionsmässiga möjligheter som i väldigt hög grad påminner om användandet av en kroppsegen arm. Men armen sänder inga signaler tillbaka till bärarens hjärna, hjärnan tar till exempel inte emot några känselintryck från armen. Men det finns exempel på det omvända, när vi förstärker funktioner genom att ta emot. Amerikanska forskare har till exempel placerat elektroder direkt i hjärnan på en grupp testpersoner och lyckats öka deras arbetsminne med 25 procent (!) genom att stimulera vissa specifika delar av hjärnan med svaga elektriska impulser.[92] Så finns det så kallade »sensory-substitution devices« som påminner om protesen på så sätt att en icke mänsklig enhet är algoritmiskt sammankopplad med en mänsklig bärare. Här finns ingen fysisk utrustning i hjärnan men man sänder fortfarande information *till* bärarens hjärna istället för att ta emot data *från* den. När ett organ är skadat väljer man att koppla ihop en signalgivande enhet till ett annat, alternativt, organ än det som normalt används för att skicka information *till* hjärnan. Grundtanken är att hjärnan kan bearbeta uppfattad input på ungefär samma sätt oavsett vilket organ som levererar informationen.

---

92 Yirka, Bob, 'Brain implant tested in human patients found to improve memory recall', *Medical Press [webpage]*, 15 November 2017, https://medicalxpress.com/news/2017-11-brain-implant-human-patients-memory.html, besökt 23 Augusti 2018.

Trots allt menar man att det är med hjärnan du ser och inte med ögonen. Så grundtanken är att om hjärnan får signaler som beskriver din visuella omgivning förmedlad till sig via ögonen eller ett annat organ som till exempel tungan spelar det inte så stor roll – så länge hjärnan får informationen på något sätt. Låter som science fiction, men är på riktigt. En man som förlorade sin syn som barn använder just tungan som substitut för att ta emot visuell information. En liten kamera läser av omgivningen och skickar digitala signaler till en spatel placerad på tungan. Via tungan går sedan impulserna till hjärnan som avkodar informationen och gör det möjligt för honom att »se« tillräckligt bra för att både klättra i berg och läsa text.[93] En annan man som är färgblind sedan födseln har fäst en antenn i skallbenet och använder den för att översätta färg till ljudvågor. Han kan inte *se* några färger, men kan uppfatta dem som ett spektrum av vibrationer. Till skillnad från oss andra som inte är förstärkta kan han förutom olika färger dessutom urskilja både ultraviolett och infrarött ljus.[94] Här börjar det verkligen bli intressant. Vi kan alltså förstärka förmågor vi redan har, vi kan återskapa och ersätta skadade förmågor genom att välja alternativa vägar till hjärnan och vi kan dessutom utvidga vår repertoar av möjliga mänskliga(?) egenskaper – vi kan verkligen uppgradera oss och bli mer.

Ömsesidig interaktion

Trots att det ibland känns det som om det går att hitta hur många förstärkningsexempel som helst så är det fortfarande svårare att hitta exempel på tillämpningar där det finns en informationsö-

---

93 Twilley, Nicola, 'Seeing with your tongue', *The New Yorker [webpage]*, 15 May 2017, https://www.newyorker.com/magazine/2017/05/15/seeing-with-your-tongue, besökt 23 Augusti 2018.

94 Donahue, Z. Michelle, 'How a Color Blind Artist Became the World's First Cyborg', *National Geographic [webpage]*, 3 April 2017, https://news.nationalgeographic.com/2017/04/worlds-first-cyborg-human-evolution-science/, besökt 23 Augusti 2018.

verföring åt båda hållen. Där information inte bara strömmar i en riktning från eller till människan. Det mest spännande och som öppnar upp flest intressanta möjligheter är de förstärkningar och sammankopplingar som bygger på en *interaktion*. Till exempel använder man idag aktiva chip som placeras på hjärnans yta hos personer med mycket svår epilepsi. Dessa användas sedan för att läsa av bärarens hjärnaktivitet. Med hjälp av låga elektriska impulser kan sedan hjärnans aktivitet stabiliseras på ett sådant sätt att man kan förebygga anfall och ge dessa personer en fungerande vardag tillbaka.[95] Implantaten, som används vid epilepsibehandling både samlar in data om hjärnans aktivitet och agerar på informationen. Hjärnan både ger information och reagerar på den information som den får från chipet. Den information som samlas in sänds dessutom trådlöst till enheter utanför kroppen som gör det möjligt för både läkare och bärare att ta del av den. Vilket till exempel gör det möjligt för en läkare att på distans utvärdera anfallshistorik och behandlingseffektivitet. För att man ska kunna överföra information från kroppen till en extern enhet kräver förstås inte att man placerar ett aktivt chip på hjärnan. Idag finns digitala piller som använder aktiva sensorer för att övervaka en persons medicinintag. Pillret sväljs och sänder sedan information om intag så att både läkare och patient kan se att rätt medicin och rätt dos har tagits. Pillret finns redan på marknaden och är bland annat godkänt i samband med behandling av schizofreni och depression.[96] För min egen del skulle jag gärna bära både aktiva chip och sensorer som passivt kunde övervaka hälsa och all-

---

95 Seipel, Tracy, 'Epilepsy breakthrough: Implant helps stop brain seizures', *Medical press [webpage]*, 11 April 2017, https://medicalxpress.com/news/2017-04-epilepsy-breakthrough-implant-brain-seizures.html, besökt 23 Augusti 2018.

96 U.S. Food and Drug Administration, 'FDA approves pill with sensor that digitally tracks if patients have ingested their medication', *U.S. Food and Drug Administration [website]*, 13 November 2017, https://www.fda.gov/NewsEvents/Newsroom/PressAnnouncements/ucm584933.htm, besökt 23 Augusti 2018.

mänstatus. Om mina värden befinner sig inom de gränser som jag (eller min läkare) bestämt händer ingenting mer än att mina data sparas tillsammans med annan information om till exempel kost och motion. Den informationen skulle sedan kunna upplåtas på ett sådant sätt att den är anonym men allmänt tillgänglig för forskning. Själv kan jag se till att äta bra och träna i relation till min fysiska dagsstatus. Om något värde förändras och går utanför gränsvärdena får jag en rekommendation om att uppsöka en vårdinrättning för att ta prover och utreda orsaken. För vissa värden kan mitt chip till och med ha behörighet att skicka en remiss till en lämplig specialist, beställa provtagning eller förskrivning och beställning av medicin. Kanske vill jag till och med att chippet ska ha behörighet att meddela både akutvård och anhöriga för vissa allvarliga tillstånd?

Var börjar och slutar det naturliga?

Som vi ser börjar gränsen mellan människans naturliga förmågor och hennes artificiella förstärkning tunnas ut och det är inte lika tydligt var det ena börjar och det andra slutar. I en filosofiskt grundad diskussion kring gränsdragningen mellan det artificiella och det naturliga konstaterar Havlík att det inte går att separera de två begreppen naturlig och artificiell på ett absolut sätt. Snarare är utvecklingen av AI att betrakta som en delmängd av en evolutionär process där människan med sina naturliga egenskaper är kapabel att skapa intelligens. Vilket skulle innebära att det artificiella i och med det inte går att betrakta som något helt »icke-naturligt«. Utan snarare bör ses som en förlängning av människans naturliga skaparförmåga där vi människor snarast kan betraktas som »nature's creative tools for the ongoing history of intelligence«.[97]

97 Havlík, V., 'The naturalness of artificial intelligence from the evolutionary Perspective', *AI & Society* (2018). https://doi.org/10.1007/s00146-018-0829-5

Meningsfull förstärkning

Det finns uppenbarligen ingen brist på möjligheter till algoritmiska förstärkningar. Men är det självklart att vi *bör* förstärka oss bara för att vi kan? Vad kan vi uppnå och vad är skillnaden mellan en bra förstärkning och en dålig? Först av allt kan jag konstatera är att ju mer tid jag ägnar åt de här frågorna, ju mer förstår jag att jag inte är kvalificerad att företräda ett ‚oss'. Det enda jag kan göra är att dela med mig av mina egna tankar och reflektioner och hoppas att fler vill fortsätta den diskussionen tillsammans som ett ‚oss'.

Personligen är jag väldigt positiv till algoritmisk förstärkning av primärt två anledningar. För det första för att jag tror att förändring i sig självt är något positivt eftersom jag anser att existera är att förändras. För det andra anser jag att förändring är påverkansbar. Jag är medvetet optimistisk på så sätt att jag tror att vi genom att välja och att vilja kan forma hur en förändring utvecklar sig. Det innebär inte nödvändigtvis att vi kan detaljutforma framtiden, men vi kan skapa riktning – och genom att välja hur vi vill forma de förstärkningar som utvecklas så tror jag vi kan skapa en bättre tillvaro för många. Men det måste finnas en vilja att göra gott. Tekniken kommer inte att per automatik att vara tillgänglig, skapa jämställdhet och bidra till en hållbar tillvaro som skapar nytta och förbättrar världen. Det måste vi aktivt skapa genom våra val och våra tillämpningar. Men jag tror att algoritmiska förstärkningar kan bidra till att våra val och tillämpningar gör större nytta.

Nästan alla samtal om algoritmisk förstärkning slutar i diskussioner om värde och mening – begrepp som i hög grad är beroende av sin kulturella och kontextuella tillämpning. Skillnaden mellan bra och dåligt kommer inte alltid, men ofta, att bero på situationen och personen där den lägsta nivån för en bra förstärkning är att den berikar och skapar ett värde. Det behöver inte vara mycket, men det räcker inte att något blir enklare. En tillämpning som passiviserar uppfattar jag till exempel som odelat dålig, men det kommer förstås inte att finnas någon entydig gräns och värdegraden kommer att vara kopplad till individens behov.

Personligen tror jag att förstärkningar som ger kognitiva förstärkningar, i de flesta situationer, kommer att upplevas som mer värdeskapande än de som enbart frigör kapacitet eller ger utökad fysisk kapacitet. Jag tror att vi ska sträva efter förstärkningar som gör det möjligt för oss att öka vår kompetens och stärka den egna självupplevelsen. Inte bara frigöra tid, eller göra istället för oss. En av mina kollegor introducerade mig för begreppet kompetent andre som betyder att det finns saker som jag kan göra självständigt, oberoende av andra, med min befintliga kompetens. Så finns det saker som jag inte är kapabel att göra på egen hand, men som jag klarar om jag får stöd av någon med högre kompetens – en kompetent andre. Så slutligen finns det sånt som jag inte kan klara av att göra oavsett hur mycket stöd jag får. I en tillvaro där passerad (livs)tid inte är reversibel och inte går att få tillbaka är tillgången till en kompetent andre kanske det mest exklusiva som finns. Att få interaktivt stöd av någon som har förmågan att se mina styrkor och svagheter innan jag själv kan se dem. Att veta att det finns ett stöd där som kan ta över när jag övar på saker som jag garanterat kommer att behöva misslyckas med för att komma vidare i min kunskapsutveckling skapar en trygghet – både fysiskt och självförtroendemässigt. Att visualisera min utveckling och bygga förtroende för min egen förmåga. Att i realtid ge mig feedback om hur jag kan justera min teknik, ge mig uppgifter som är precis lagom svåra för att jag ska vara tvungen att stretcha min förmåga, men också kunna ta över och låta mig vila när jag fått nog för idag. Det tror jag är den bästa och mest värdefulla förstärkningen av dem alla. I alla sammanhang. Någon som stödjer mig i mitt lärande oavsett om jag är forskarstudent, praktiserande läkare eller mc-förare. Någon som pushar mig när det behövs, rent praktiskt visar mig hur man gör och låter mig växa och bli mer mig själv. Oavsett om den ges av en annan människa eller ett avancerat algoritmiskt system.

Vi befinner oss i en tid då de stora frågorna som historiskt sett varit förbehållna för existentiella diskussioner i religiösa och filosofiska rum tagit klivet in i vår vardag. Diskussionen kring de stora frågorna har kanske aldrig varit mer tillgängliga för var och en av oss och min förhoppning är att vi ska låta dem tränga igenom vardagsbruset. Att fler ska ta en aktiv plats i diskussionen och sätta viktiga frågor i ett större perspektiv i en tid då information är mer tillgänglig än någonsin men heller aldrig varit skörare.

Så ta plats. Välj att vara medvetet optimistisk och vänta inte på att någon ska bjuda in dig i diskussionen.

14. *Slutord: Den innovera(n)de människan*

Jonas Stier

Jonas Stier är sociolog och professor vid Högskolan Dalarna och Mälardalens högskola. Hans forskning kretsar kring interaktion, identitet och människans förhållande till samhället.

Artificiell intelligens som utmaning och möjlighet

Människor har i alla tider försökt hitta lösningar på såväl stora utmaningar som mindre problem av praktisk art. Tämjandet av elden, uppfinnandet av hjulet och stigbygeln, upptäckten av elektriciteten eller senare utvecklingen av tvättmaskinen, datorn och internet är alla exempel på sådana lösningar. I olika grad och på olika sätt har dessa innovationer förändrat världen och människans sätt att vara, agera och organisera sig – sådant vi brukar sammanfatta med ordet 'kultur'. Samtidigt är dagens globala och alltmer högteknologiska samhälle mer komplext än någonsin tidigare i historien. Allting är sammankopplat och ömsesidigt påverkande där innovationer som AI inte bara är tänkt att hjälpa oss att hantera en *omvärld*, utan också har i hög grad kommit att omforma och »förstärka« människan och hennes förmågor.

Människans och innovationernas väsen

Innovationer får alltid följdverkningar i flera led på ett närmast dialektiskt vis. Alltså: en lösning på ett problem leder ofta till nya problem, som i sin tur kan bli till lösningar på gamla dylika eller för den delen helt andra problem eller leda till nya, oförutsedda problem. Kärnkraft värmer upp våra hem och har använts i vapen och plasten har revolutionerat materialutvecklingen samtidigt som människans nedskräpning där plast är en stor del, hotar våra hav. Så innovationer skapas av människor samtidigt som innovationer påverkar människorna och deras sätt att leva och förstå sin verklighet. I vissa fall utmanar innovationerna själva idén om vad som är en människa (och inte). Implantat, cyborger, robotar och artificiell intelligens utmanar på allvar idag gränslinjen mellan vad som är mänskligt och icke-mänskligt och sådant som tidigare var science fiction hos Mary Shelley, Jules Verne eller Isaac Asimov är i många fall verklighet och studeras inom de post- och transhumanistiska fälten.

Med detta aktualiseras grundläggande frågor om människans väsen, som exempelvis vad det innebär att vara en människa. Eller hur mycket icke-mänsklig materia kan en människa härbärgera innan hon upphör att vara just en människa? Och vad är det unika med oss människor? Är det förmågan till självreflektion, abstrakt tänkande, konsekvensanalys eller viljan till mening, som den österrikiske neurologen och psykiatern Viktor Frankl kallade det?[98] Många skulle säga att just sådant gör människan outgrundlig där var och en av oss har en vilja (fri eller inte går alltid att debattera!), motiv, erfarenheter och unika sätt att relatera till sin omgivning. Människans liv omges av sådant som inte lätt låter sig teknologiseras – andlighet, intuition och känslor – men också allt det som präglar samhället i sig, som normer, värderingar och det som brukar kallas tyst kunskap och kultur och som reglerar mellanmänsklig samvaro.[99] Människans inneboende begränsningar gör samtidigt att innovationer kan hjälpa oss eller till och med ersätta oss i vissa avseenden.

Att ta det goda med det onda

Innovationer är sällan fulländade och kan alltid användas på 'fel' sätt. I en mening är diskussionen därför allt annat än ny. Men inte heller människor är felfria eller förutsägbara – må detta vara på grund av deras irrationalitet, okunskap, omdömeslöshet eller

98 Frankl, Viktor E., Viljan till mening: logoterapins grunder och tillämpning, 3. utg., Natur och Kultur, Stockholm, 2003

99 Se Stier, Jonas *Kulturmöten – En introduktion till interkulturella studier*, (2 uppl.), Studentlitteratur, Lund, 2009.

brist på moral. En osthyvel är bra att skära frukostsmörgåsens ost med, men kan även användas för att misshandla en annan människa. Likväl: med AI står vi inför något nytt och okänt.

Komplexiteten av AI:s effekter på människor och samhället saknar historiskt motstycke. Det är inte längre fråga om en osthyvel, skiftnyckel eller aluminiumfolie. Inte heller är det fråga om Isaacs Asimovs robotar, utan om en innovation med sprängkraft att i grunden förändra världen, mellanmänsklig interaktion och människans syn på sig själv. Självkörande fordon, autonoma vapensystem, eftersläpande lagstiftning (inklusive behovet av nya rättsfigurer) och teknikens omformning av det fysiska rummet är endast några exempel på sådant som har nämnts tidigare. Det är just insikten om innovationens sprängkraft som gör att det pågår en intensiv, ofta polariserad, debatt om AI, där gränslös entusiasm ställs mot förändringsmotstånd, skepsis och rädsla – och där deltagarna beskrivs antingen som ja- eller nejsägare, alternativt som teknikförespråkare eller som teknikmotståndare. Medan de förra framhåller AI:s förändringskraft, oändliga användningsområden och potential att möta kompetens- och resursbrist inom vissa områden, ser de senare negativa följder i förlorade arbetstillfällen, ett tilltagande övervakningssamhälle, etik- och säkerhetsproblem och i slutändan mänsklighetens kapitulation till maskinerna. Men det finns även de som menar att det inte råder någon tvekan om att AI kommer att förändra både människan och samhället, men att det inte handlar om antingen eller, utan om både och, där man får ta det goda med det onda.

Dilemman och avvägningar

De flesta är överens om att AI kommer att leda till förlorade arbetstillfällen, men även framväxten av nya typer av jobb. AI kommer sannolikt accentuera den tilltagande flexibilitet och gränslöshet och, skulle en del säga, otrygghet som den amerikanske sociologen Richard Sennett menar präglar dagens arbetsliv.[100] Andra följder är dilemman kopplade till säkerhet hos och kontroll av tekniken och den personliga integriteten. Ett exempel för att illustrera integritetsfrågan kan hämtas från äldreomsorgen där användningen av robotar för övervakningen i hemmet kritiseras ibland för att vara avhumaniserande, medan motargumentet är att en robot är bättre än att dussintals olika och ofta obekanta människor kommer hem till den äldre. Handlar kritiken om ovana? Eller att vi inte reflekterar tillräckligt över implikationerna av de olika alternativen? Eller att vi *förutsätter* (snarare än vet) att mänsklig interaktion alltid är bättre än människa-teknikinteraktion?

Oavsett var vi landar i vår övertygelse i denna fråga är det ett faktum att mänskligt beslutsfattande inte enbart eller alltid sker på fakta. Även människor beter sig illa eller ogenomtänkt. Likväl förblir säkerhet och möjligheter till insyn, transparens och ansvarutkrävande vid AI-involverat beslutsfattande nyckelfrågor i den fortsatta diskussionen. Denna diskussion måste föras med en bred representation av människor; näringsliv, politiker, jurister, innovatörer, forskare och medborgare. Ekonomiska eller politiska särintressen bör aldrig övertrumfa samhälleliga behov och demokratiska principer och lagstiftarna bör vare sig hänfalla åt naiva föreställningar om AI som lösningen på alla problem eller drivas av oreflekterad förändringsrädsla och nostalgiska idéer om att allt var bättre förr. Och vad gör att vi tycker det var bättre förr? Är det själva sakförhållandet eller vanans makt?

AI som en väg till bättre mänsklig självförståelse

Debatten om AI är tillfälle att diskutera inte enbart vad AI är, utan att diskutera våra djupt liggande kulturella föreställningar om människan och hennes 'natur'. Låt oss titta på några.

Människan är antropocentrisk – det vill säga människan utgår från sitt otvetydiga tolkningsföreträde ifråga om verkligheten

---

100 Något som redan hans numera klassiska bok från år 1998 beskrev – se på svenska Sennett, Richard, När karaktären krackelerar: människan i den nya ekonomin. Atlas, Stockholm, 2000

och sin förmåga (och rätt) att bestämma i och över världen. När så inte är fallet är det för att andra *människor* bestämmer, inte djur eller maskiner. Om vi ponerar en framtid där generaliserad AI finns, skulle människan alltmer kunna underordnas AI och den antropocentriska världsbilden alltmer utmanas eller till och med kunna få ge vika för en teknocentrisk. Därmed skulle en av de mest fundamentala mänskliga utgångspunkterna (åtminstone i Västvärlden), åtminstone delvis, sättas ur spel.

AI harmonierar (föga överraskande!) med en västerländsk syn på skeenden – mer precis en (oreflekterat) linjär och kausal syn på händelsekedjor. Viljan till att blottlägga samband, förklara dem och i sin förlängning kunna förutsäga det som ska hända är en stark drivkraft – inte minst inom vetenskapen. På samma sätt är tankarna bakom AI impregnerade av en västerländsk kunskapssyn, där sanningsanspråk, logisk argumentation och olika kunskapstyper ägnas stort utrymme. En sådan kunskapstyp är tyst kunskap och frågan är om och hur AI ska kunna tillägna sig sådan kunskap.

Fortsättningsvis är det skillnad mellan den intelligens som avses i ordsammansättningen AI och mänsklig sådan – vilket experterna på området är noga med att betona. Likväl diskuteras ofta AI utifrån en snäv, oreflekterad och nästan mekanistisk syn på intelligens.

Även om innovatörerna arbetar för att vidga omfattningen av intelligens hos AI, finns något unikt med människans medvetande, erfarenheter, empatisk förmåga, omdöme, självreflektion, spontanitet, sensorisk sensitivitet och avsikter. Kan framtidens AI uppvisa intentionalitet? Och i så fall – vad kan detta lära oss om människans syn på avsikter och mening? Hur formas mänskliga intentioner?

Dessa mänskliga benägenheter och – skulle en del hävda – exklusivt mänskliga förmågor har länge varit föremål för filosofernas och psykologernas värv, och måste nu paras ihop med kognitionsvetarnas, datavetarnas, juristernas, pedagogernas med fleras kunskaper. Ty när det gäller mänskligt lärande och

AI:s förmåga till inlärning måste vi lära oss mer om lärande – hur lärande verkligen går till. Vad, hur, när och varför lär vi oss? Lite tillspetsat: kommer det i framtiden vara så att vi människor har mer att lära av hur AI lär sig än hur AI har att lära av oss?

Att gifta ihop kreativitet och eftertänksamhet

Den svenske socialpsykologen Johan Asplund menar att människan alltid befinner sig i snedstrecket individ/samhälle – där människan formar samhället, och samhället formar människan.[101] Med framväxten och utvecklingen av alltmer avancerad AI kan man tänka sig en alternativ bild – en triangel, där individen, tekniken och samhället återfinns i varsitt hörn, och där dessa alltmer närmar sig varandra. AI blir på så sätt en fråga sträcker sig långt bortom en fråga om teknisk utveckling och innovationer och kommer förändra både samhälle och människor, liksom själva synen på vad det innebär att vara människa.

Det råder ingen tvekan om att utvecklingen aktualiserar en mångfald säkerhetsmässiga, etiska, juridiska och politiska frågor. Är tekniken säker? Hur säkerställer vi individens integritet och så att vi inte hamnar i ett övervakningssamhälle av orwellskt snitt? Vem ska utkrävas ansvar om AI används fel? Vem kontrollerar kontrollanterna och vem programmerar programmerarna? Vill vi ha ett allt mer teknokratiskt samhälle – men en ny teknikelit? Och så vidare.

Nya innovationer kräver kreativitet och mod men bör åtföljas av kritisk eftertänksamhet och en helhetssyn på tingens tillstånd. Kort sagt: det finns behov av att historisera, politisera och sociologisera det som händer här och nu. De entusiastiska får inte bli naiva, och de kritiska får inte drivas av förändringsfobi eller bli cyniska. Att ryckas med vare sig det rör sig om utopiska eller dystopiska utsvävningar torde vara olyckligt. Istället bör innovationsarbetet gå hand i hand med systematiska och ärliga konsekvensanalyser som inte bakbinds av ekonomiska eller po-

101 Asplund, Johan, Tid, rum, individ och kollektiv, Liber, Stockholm, 1983

litiska intressen. För sociologen är frågan därför vem som har taktpinnen i utvecklingen av AI, liksom vilka oförutsedda konsekvenser den kan ha för samhället och människorna. Det är än så länge bara vi människor som har möjligheten att bestämma hur tekniken ska utvecklas mot en människovänlig, säker, rättvis och ansvarstagande AI. Hur läget är om 50 år kan vi emellertid endast spekulera i. Blev AI ett konstgjort och bitvis oförutsägbart monster eller en smart maskin till stor nytta för mänskligheten – eller som historien ofta visar, lite av bådadera?